四川省社会科学规划项目资助
四川省教育厅自然科学基金重点项目资助
电子商务国家一流专业建设项目资助

电子政务平台：服务质量、公众满意及提升对策研究

李志刚　饶媛媛　谷锦锦　著

在服务电子化趋势和新网络治理背景下，电子政务服务质量不仅影响政府管理和社会治理水平，还对经济社会包容性发展有重要的作用和影响。本书在调查分析政府网站、微信公众号等政务信息服务平台的公众需求和特征的基础上，采用质量功能展开（QFD）、客户满意度模型、技术接受模型、信息系统成功模型、KANO 模型、结构方程模型及服务质量理论、模糊理论等，研究了电子政务服务质量、公众满意度的影响因素及其相互之间的影响和作用机制，并从公众服务需求的高效性、便捷性、个性化出发，以提升电子政务服务质量和公众满意度为目标，提出了相应的对策和建议。

　　本书系统性强、结构合理、层次清晰，可供普通高等院校电子商务、信息管理与信息系统、政府管理、公共管理、社会学等专业的本科生和研究生学习使用，也可供相关领域的科研、管理工作者使用。

图书在版编目（CIP）数据

电子政务平台：服务质量、公众满意及提升对策研究/李志刚，饶媛媛，谷锦锦著 . —北京：机械工业出版社，2022.12（2025.1 重印）
ISBN 978-7-111-71810-9

Ⅰ.①电… Ⅱ.①李…②饶…③谷… Ⅲ.①电子政务—社会服务—研究—中国 Ⅳ.①D630.1-39

中国版本图书馆 CIP 数据核字（2022）第 192491 号

机械工业出版社（北京市百万庄大街 22 号　邮政编码 100037）
策划编辑：刘　畅　　　　　责任编辑：刘　畅　马新娟
责任校对：张亚楠　王　延　封面设计：王　旭
责任印制：张　博
北京建宏印刷有限公司印刷
2025 年 1 月第 1 版第 2 次印刷
184mm×260mm · 10.5 印张 · 232 千字
标准书号：ISBN 978-7-111-71810-9
定价：59.00 元

电话服务　　　　　　　　　　　　网络服务
客服电话：010-88361066　　　　　机　工　官　网：www.cmpbook.com
　　　　　010-88379833　　　　　机　工　官　博：weibo.com/cmp1952
　　　　　010-68326294　　　　　金　书　网：www.golden-book.com
封底无防伪标均为盗版　　　　　　机工教育服务网：www.cmpedu.com

前　　言

党的十九大报告指出，要"转变政府职能，深化简政放权，创新监管方式，增强政府公信力和执行力，建设人民满意的服务型政府""善于运用互联网技术和信息化手段开展工作"。探索适应新时代社会经济健康发展治理模式，是推进国家治理体系和治理现代化的重要内容。建设"互联网+政务服务"既是政府新的服务方式，又是深化简政放权和建设服务型政府的重要手段，使改革以服务广大人民群众为宗旨，切实做到放管结合、优化服务。"互联网+政务服务"的意义是：首先，要统一规范的服务标准，科学的服务流程与网上办理，让公众获得绿色、协同、高效的一网通办服务和公平公正的服务过程。其次，要有便捷有效的咨询监督，有利于公众更加快捷和最大限度地获取政府信息和服务，降低公众的办事成本，提高办事效率，让公众获得持续改进的服务质量。再次，要进行智能化、人性化的服务创新，让公众获得更优质的服务体验。最后，对于政府而言，通过技术手段使公共管理行为规范化、办公网络化、政务公开化和决策科学化，使政府与公众之间的交流与互动更加顺畅。

电子政务服务质量与公众满意度是电子治理研究的重点与热点问题。电子政务服务对提升公众的公共服务获得感和满意度有重要价值，其质量评价不仅是政府公共服务绩效评估的重要内容，更是政府改进公共服务模式、提升服务能力的重要信息来源与依据。随着大数据、云计算等数据技术的发展和应用，电子政务服务已不仅仅是政府公共服务简单的电子化、在线化，更是政府管理思维转变和服务的升级和重塑，其服务内容已由单方面的信息公开，扩展到交互性更强的公共事务服务和公众的参与服务，网站、"两微一端"（微博、微信和新闻客户端）等电子渠道已成为政府与公众沟通互动的主流。随着政府数据公开和智能化水平的提高，政府将向公众提供更多的公共产品和服务。因此，电子政务服务质量的提高，对政府和公共部门来讲，不但可以增加公众对政府的信任和满意度，也能吸引公众主动参与到服务中，提升公众对政府决策的参与度。对公众来讲，既可以获得优质、高效的公共服务，也可以获得国家政策、就业、教育、社会保障、医疗卫生等多方面的信息资源。

在研究工具和方法上，本书利用服务管理理论、客户满意度理论、模糊理论、质量功能展开（QFD）、技术接受模型、信息系统成功模型，以及AMOS、SPSS等工具方法，通过实证研究方法分析电子政务服务的影响因素和作用机制，研究政府网站、App的服务方式和功能等因素对公众信息需求、使用行为及满意度的影响和作用，探索电子政务平台服务与功能价值优化的方法和对策，为解决电子政务服务平台的技术发展与公众需求不断变化之间的矛盾提供新的思路，为提高公众的获得感、满意度，电子政务服务能力，以及政府智能化管理水平提供科学依据。

  本书是四川省社会科学规划项目"电子政务服务质量诊断与优化方法研究"（SC14B001）、四川省教育厅自然科学基金重点项目"电子政务服务平台公众感知质量模型及业务流程优化集成方法研究"（15ZA0081）及电子商务国家一流专业建设资助项目（教高厅函〔2022〕14号）的成果。全书共9章，第1章、第6章、第9章由李志刚撰写；第2章、第3章由李志刚、饶媛媛共同撰写；第4章、第5章由谷锦锦、李志刚共同撰写；第7章由饶媛媛撰写；第8章由李志刚、谷锦锦共同撰写。研究生张冬、徐婷、曾梦婷、钟红霞、高云鹏、王曼嘉等参与了资料的收集和整理。李志刚负责全书的统稿及修改任务。在项目研究和本书的撰写过程中，笔者参考了国内外一些文献资料，引用资料已在书中做了说明，但由于编写体例的限制，难免有遗漏，有些资料可能未在书中注明，在此谨向各位文献的作者表示由衷的感谢。

  本书是研究团队对过去研究成果、方法的总结与反思，也是对过去研究成果的理论提升，力图形成电子政务服务质量、政府电子平台服务优化和管理的一套技术方法体系。但是，本书只是电子政务服务研究领域探索活动的一小步，在互联网应用高速发展、决策面临的环境日益复杂、新的理念和方法不断涌现的背景下，电子政务服务质量这个研究领域变得越来越复杂，无论理论还是方法和技术，都需要不断研究和探索。尽管笔者付出了艰苦的努力，但由于水平和时间有限，书中对许多问题的探讨可能还不够深入，有一些观点和结论可能尚待商榷，疏漏之处在所难免，恳请各位读者批评指正。

李志刚
2022年11月

目　　录

前言

第1章　绪论 ··· 1
1.1　研究背景 ··· 1
1.2　问题的提出 ·· 3
1.3　研究目的与意义 ·· 4
1.3.1　研究目的 ·· 4
1.3.2　研究意义 ·· 5
1.4　研究内容与技术路线 ·· 5
1.4.1　研究内容 ·· 5
1.4.2　技术路线 ·· 7
1.5　创新点 ·· 8

第2章　文献综述与理论基础 ··· 9
2.1　文献综述 ··· 9
2.1.1　电子政务在线服务质量的研究现状 ······································· 9
2.1.2　感知服务质量及模型 ··· 10
2.1.3　电子政务公众满意研究现状 ·· 12
2.1.4　QFD在改善服务质量中的应用研究进展 ································ 12
2.1.5　QFD与KANO模型的集成研究现状 ····································· 13
2.1.6　电子政务服务质量测评的研究现状 ······································· 15
2.2　服务质量 ··· 16
2.2.1　服务质量的形成机制 ··· 16
2.2.2　服务质量的经典模型 ··· 17
2.2.3　服务交互过程——服务蓝图技术 ·· 18
2.2.4　服务质量的测量方法 ··· 19

2.2.5　服务质量的优化方法 ·············· 20
2.3　电子政务在线服务质量 ················ 20
　　2.3.1　电子政务的内涵 ·················· 20
　　2.3.2　电子政务在线服务质量 ············ 21
　　2.3.3　优化方法的对比分析 ·············· 21
　　2.3.4　选择QFD的依据 ·················· 22
2.4　顾客需求与模糊粗糙集理论 ············ 23
　　2.4.1　QFD ···························· 23
　　2.4.2　KANO模型 ······················· 24
　　2.4.3　模糊粗糙集理论 ·················· 26
　　2.4.4　模糊粗糙集理论与QFD相结合 ······ 26

第3章　电子政务服务质量分析的内容与途径 ·············· 28

3.1　电子政务服务质量需求调查 ············ 28
　　3.1.1　政府网站调研 ···················· 28
　　3.1.2　调查评述 ······················· 34
3.2　电子政务公共服务内容与层次 ·········· 35
　　3.2.1　电子政务公共服务内容 ············ 35
　　3.2.2　电子政务公共服务层次 ············ 37
3.3　提高电子政务服务能力和质量的思路及措施 ·············· 37
　　3.3.1　提升在线办事服务能力的思路 ······ 37
　　3.3.2　提高政府与公众互动水平的措施 ···· 38
　　3.3.3　提高政府网站和政务微信公众号性能的思路 ·············· 38
3.4　电子政务服务质量测评实现的途径 ······ 39
　　3.4.1　传统的政府公共部门公众满意数据收集的方法 ·············· 39
　　3.4.2　基于Web的电子政务公众满意数据收集的方法 ·············· 40
　　3.4.3　服务质量测评的量表及指标 ········ 42

第4章　电子政务网站公众持续使用意愿模型与实证分析 ·············· 44

4.1　相关基础知识 ······················· 44
　　4.1.1　电子服务质量 ···················· 44
　　4.1.2　电子政务网站感知质量与持续使用意愿 ·············· 45
4.2　理论基础 ··························· 46
　　4.2.1　技术接受模型 ···················· 46
　　4.2.2　信息系统成功模型 ················ 47

  4.2.3 信息系统成功模型在电子政务网站中的应用 ·············· 47
4.3 研究假设与模型构建 ··· 47
  4.3.1 研究假设 ·· 47
  4.3.2 模型构建 ·· 50
4.4 研究设计 ··· 50
  4.4.1 问卷量表的设计与发放 ·· 50
  4.4.2 研究思路与工具 ··· 52
4.5 数据分析 ··· 52
  4.5.1 样本分析 ·· 52
  4.5.2 信度和效度检验 ··· 52
  4.5.3 因子分析 ·· 54
  4.5.4 结构方程模型分析 ·· 55
  4.5.5 中介变量分析 ·· 58
4.6 研究结果与对策建议 ··· 59
  4.6.1 研究结果 ·· 59
  4.6.2 对策建议 ·· 59

第5章 政务微信公众号用户持续使用意愿模型与实证分析 ··············· 61

5.1 相关基础知识 ·· 61
  5.1.1 政务微信公众号概念界定 ··· 61
  5.1.2 政务微信公众号研究现状 ··· 62
  5.1.3 电子服务质量概念 ·· 62
  5.1.4 电子服务质量测评 ·· 62
  5.1.5 用户持续使用意愿理论的梳理 ····································· 63
5.2 理论基础 ··· 64
  5.2.1 TAM ··· 65
  5.2.2 ECM – ISC ·· 65
5.3 研究假设与模型构建 ··· 66
  5.3.1 研究假设 ·· 66
  5.3.2 电子服务质量的维度 ··· 67
  5.3.3 研究概念模型的构建 ··· 68
5.4 研究设计与数据分析 ··· 69
  5.4.1 变量的测量 ··· 69
  5.4.2 数据收集 ·· 70
  5.4.3 数据分析 ·· 70
5.5 结论与讨论 ··· 73

第6章 电子政务信息服务质量公众满意度模型与实证研究 …… 74

6.1 经典顾客满意度指数模型概述 …… 74
6.1.1 瑞典顾客满意度指数模型 …… 75
6.1.2 美国顾客满意度指数模型 …… 76
6.1.3 欧洲顾客满意度指数模型 …… 78
6.1.4 中国顾客满意度指数模型 …… 79
6.1.5 国内外顾客满意度指数模型评述 …… 80

6.2 研究假设及模型构建 …… 81
6.2.1 变量的选取 …… 81
6.2.2 研究假设与概念模型 …… 81

6.3 实证分析 …… 83
6.3.1 问卷设计及测量 …… 83
6.3.2 数据收集 …… 84
6.3.3 信度与效度分析 …… 84
6.3.4 模型验证 …… 85
6.3.5 研究结果与对策建议 …… 86

第7章 电子政务在线服务质量优化模型的构建与验证 …… 89

7.1 确定公众需求及其重要度 …… 90
7.1.1 收集公众需求 …… 90
7.1.2 公众需求整理 …… 91
7.1.3 初始重要度 …… 92

7.2 质量规划 …… 93
7.2.1 竞争性评估 …… 93
7.2.2 计划目标 …… 93
7.2.3 确定最终重要度 …… 95

7.3 服务质量要素展开 …… 96
7.3.1 服务质量要素设计——天花板 …… 96
7.3.2 服务质量要素的自相关矩阵——屋顶 …… 96
7.3.3 服务质量要素与用户需求的关系矩阵——房间 …… 97
7.3.4 服务质量要素的权重计算——地板 …… 97

7.4 技术竞争性评估和目标值设定 …… 98
7.4.1 服务质量要素竞争性评估 …… 98
7.4.2 关键服务质量要素的KANO分类 …… 99
7.4.3 设定关键服务质量要素的目标值 …… 99

7.5 验证对象的选择与介绍 100
　　7.5.1 验证对象的选择 100
　　7.5.2 S市政府门户网站简介 101
　　7.5.3 网站的服务蓝图 102
　　7.5.4 网站在线服务质量的优化思路 103
7.6 用户需求和初始重要度的获取 103
　　7.6.1 获取用户原始需求 103
　　7.6.2 用户需求展开表 105
　　7.6.3 用户需求的初始重要度 107
7.7 用户需求的质量规划 108
　　7.7.1 市场竞争性评估和设定计划目标 108
　　7.7.2 运用KANO模型确定最终重要度 108
7.8 网站服务质量要素的确定与展开 110
　　7.8.1 确定服务质量要素 110
　　7.8.2 服务质量要素的自相关矩阵 111
　　7.8.3 服务质量要素与用户需求的关系矩阵 111
　　7.8.4 基于三角模糊数的服务质量要素权重计算 113
　　7.8.5 S市政府门户网站服务质量要素展开表 115
7.9 政府门户网站在线服务质量优化思路与策略 117
　　7.9.1 优化的基本思路 117
　　7.9.2 短期优化策略 118
　　7.9.3 中长期优化策略 120

第8章 电子政务服务质量测评的指标、模型与方法 122

8.1 电子政务服务质量测评的相关知识 122
　　8.1.1 电子政务服务质量测评的必要性 122
　　8.1.2 我国电子政务服务能力测评概况 122
　　8.1.3 电子政务公众服务平台的类型 124
　　8.1.4 电子政务服务质量测评模型 125
8.2 电子政务服务质量测评指标体系 127
　　8.2.1 基于服务能力的电子政务服务质量指标体系 127
　　8.2.2 基于公众满意的电子政务服务质量评估的指标体系 129
　　8.2.3 基于绩效的电子政务服务质量评估指标体系 133
8.3 电子政务服务质量的AHP物元模型构建 137
　　8.3.1 电子政务服务质量物元确定 137
　　8.3.2 经典域与节域物元确定 137

  8.3.3 基于 AHP 的权重确定 ·· 138
  8.3.4 关联函数与综合关联度确定 ·· 138
  8.3.5 小结 ·· 139
 8.4 TOPSIS 评价方法 ·· 139
  8.4.1 TOPSIS 评价方法的思想和原理 ···································· 139
  8.4.2 TOPSIS 评价方法的步骤 ··· 140

第 9 章 结论与启示 ··· 142
 9.1 主要结论 ··· 142
 9.2 管理启示与对策 ·· 143
 9.3 研究的局限性和展望 ·· 145

附录 ··· 146
 附录 A S 市政府门户网站用户需求调查 ··· 146
 附录 B 服务质量要素与用户需求的关联程度和关系矩阵 ····················· 148
 附录 C S 市政府门户网站在线服务质量要素调查 ····························· 151

参考文献 ··· 153

第1章

绪　　论

1.1　研究背景

2021年8月27日，中国互联网络信息中心（CNNIC）发布第48次《中国互联网络发展状况统计报告》。该《报告》显示，截至2021年6月，我国网民规模达10.11亿，较2020年12月增长2175万，互联网普及率达71.6%，较2020年12月提升1.2个百分点。其中，手机网民规模达10.07亿，较2020年12月增长2092万，网民使用手机上网的比例为99.6%，与2020年12月基本持平。10亿用户接入互联网，形成了全球最为庞大、生机勃勃的数字社会。8.88亿人看短视频、6.38亿人看直播，短视频、直播正在成为全民新的娱乐方式；8.12亿人网购、4.69亿人叫外卖，全民的购物方式、餐饮方式正在悄然发生变化；3.25亿人使用在线教育、2.39亿人使用在线医疗，在线公共服务进一步便利民众。截至2021年6月，我国IPv6地址数量为62023块/32，较2020年12月增长7.6%；我国域名总数为3136万个，其中，".CN"域名数量为1509万个，占我国域名总数的48.1%；我国即时通信用户规模达9.83亿，较2020年12月增长218万，占网民整体的97.3%。"十四五"时期，我国信息化进入加快数字化发展、建设数字中国的新阶段。加快数字化发展、建设数字中国，是顺应新发展阶段形势变化、抢抓信息革命机遇、构筑国家竞争新优势、加快建成社会主义现代化强国的内在要求，是贯彻新发展理念、推动高质量发展的战略举措，是推动构建新发展格局、建设现代化经济体系的必由之路，是培育新发展动能，激发新发展活力，弥合数字鸿沟，加快推进国家治理体系和治理能力现代化，促进人的全面发展和社会全面进步的必然选择。

电子政务服务质量是电子政务建设信息化的重要组成部分，也是我国建设网络强国，完成国家治理手段现代化的有力支撑。2020年7月，国家行政学院电子政务研究中心发布了《2020联合国电子政务调查报告（中文版）》（以下简称《报告》）。《报告》显示，从全球范围来看，在联合国193个成员国中，有145个国家设有首席信息官或类似职位，世界各国电子政务发展持续推进，越来越多的国家正在大力推进数字政府战略，以数据为中心，强化电子参与，整合线上和线下渠道，提升以人为本的数字政务服务能力。全球电子政务发展平均指数（EGDI）从2018年的0.55上升到2020年的0.60，126个成员国处于"高"或"非常高"级别，比2018年增加了 15 个国家，占比 65%。其中，57 个国家的 EGDI 值为"非常高"，比 2018 年增加了 17 个国家，增幅达 43%。全球仅有八个国家处于"低"级别。世界五个区域在 2020 年都提高了其电子政务发展平均指数（EGDI）值。欧洲仍然处于领先地位，其次是亚洲、美洲、大洋洲和非洲。《报告》数据显示，我国电子政务发展指数从 2018 年的 0.6811 提高到 2020 年的 0.7948，排名比 2018 年提升了 20 位，取得历史新高，达到全球电子政务发展"非常高"的水平。其中，作为衡量国家电子政务发展水平核心指标的在线服务指数上升为 0.9059，指数排名大幅提升至全球第 9 位，在线服务达到全球"非常高"的水平。分析发现，我国在线服务全球排名的大幅提升，与我国不断深化"放管服"改革和大力推动全国一体化政务服务平台建设的决心与行动密不可分。

电子政务是政府各级各部门行政管理和服务活动信息化的产物，随着信息化的深入发展，电子政务也逐步成为全世界各地政府提高服务公众水平的必选方案。其中，电子政务网站则是政府对外提供优质、规范、透明、符合国际水准的公共服务的重要窗口，因此建设好政府门户网站是当前电子政务的核心工作，着力提升电子政务网站在线服务也是建设服务型政府的必经之路（薛艳荣等，2012；颜端武等，2005）。美国是较早实施电子政务的国家，凭借其强大的经济实力，一直处于电子政务建设的领先行列，其电子政务已从早期简单的信息发布，发展到了现在以政府服务对象为中心的网上政府。中国电子信息产业发展研究院院长卢山（2016）指出，信息化时代政府网站已成为政府履职和深化政务公开、推进"互联网+政务服务"工作的重要实施平台，在促进政府职能转变和实现治理能力现代化的过程中将发挥巨大的作用。

在世界各国大力发展电子政务的浪潮下，我国从地方到中央，各级政府不断利用新技术来提高政府网站的服务能力，并取得了阶段性成果。第一次全国政府网站普查结果显示，截至 2015 年 7 月，我国的政府网站已达 85890 个，政府网站受到社会各界的高度关注。特别是 2015 年媒体曝光部分政务网站呈"僵尸""睡眠""空白"状，一度成为舆论关注的焦点（张少彤等，2016）。随后我国相关部门从规范管理、集约发展、提高实用性三个方面开始整改工作，截至 2017 年 11 月，全国正在运行的政府网站总数已精简到 2.8 万个，相比 2015 年的数据精简了约七成，超 2/3 的网站已经或正在向上级或本级门户网站整合。

互联网时代的新型政府必须是服务型政府，电子政务的建设目标为"服务是宗旨"，电子政务网站除了能够帮助政府减少成本、提高效率与透明度之外，最重要的就是能够在政府与公众之间建立一个便捷、有效的交互渠道，其出发点是为了给社会、个人与组织提供更有价值的信息和更高水平的服务，最终目的是获得社会公众的认可，即获得较高的用户满意度，维持政府与社会公众良好的关系（李阳晖等，2008）。第十六届（2017）中国政府网站绩效评估，以我国 70 家部委网站，32 家省（市、区）、331 家地级以上城市政府门户网站及 486 家区县级的政府网站作为评估对象，指出政府网站存在的主要亮点与不足。主要亮点有：

1）我国政府网站集约化工作全面启动，并取得了阶段性的成果。

2）互联网政务不断深化，持续推进互联网服务建设，开展政务服务事项网上的全流程办理。

3）网站管理取得新的进展，相关运营维护机制不断完善。

此外，部分市级网站积极开展个人主页建设，建立集个人信息化管理、社交、事务办理等功能为一体的新型个性化公共服务平台。

主要的问题与不足有：信息的实用性、平台功能的建设水平及网站的规范性均有待提升，网站推广还需加强。评估报告的最后针对当前政府网站的发展情况提出了一些建议，继续坚持集约化路线，尽快实现资源、服务、管理的集约，不断完善平台功能，对平台的内容进行科学合理的管理，不断加强规范化、实用化建设，加强各组织之间的协调沟通。丁艺等（2017）基于我国338个城市电子政务在线服务的发展现状进行了评估，评估结果显示，我国电子政务在线服务仍处于中等偏低水平，区域发展差异较大，覆盖广度和深度均有待提高，服务内容与方式还需多样化，同时应逐步建立"一站式"的在线服务体系。

1.2 问题的提出

2019年3月1日，国家密码管理局修订并实施了《电子政务电子认证服务质量评估要求》，从电子认证业务规则管理、数字证书服务、应用集成服务、信息服务、使用支持服务及系统开发与维护等方面对电子政务电子认证服务质量评估要求做了详细规定和说明。特别是在服务电子化的趋势下，享受在线服务已从过去的"魅力需求"变成了现在的"期望需求"。信息化初期，提供在线服务即可获得用户较大的满意度，但在信息化极大普及的今天，网站、App和小程序应用服务已成为政府服务电子化的基本配置，利用这些平台提供政府部分事务的在线查询、在线预约或者在线服务，并配以优质的服务才能获得用户较高的满意度。通过政府电子化平台接受服务已成为网民的首选。因此，在电子政务网站等电子化平台发展中，其服务的内容与质量是需要政府重点关注的问题。政府要在"以公众为中心"的思想下，着眼用户需求，力求服务的高效性、便捷性、个性化与全面化，提升在线服务质量和公众满意度。为此，2021年9月14日，中共中央办公厅和国务院办公厅印发的《关于加强网络文明建设的意见》指出，加强网络文明建设，是推进社会主义精神文明建设、提高社会文明程度的必然要求，是适应社会主要矛盾变化、满足人民对美好生活向往的迫切需要，是加快建设网络强国、全面建设社会主义现代化国家的重要任务，并要求提高网络公共文化服务供给的普惠性和便捷性。

多年来，我国政府十分重视电子政务服务质量。2014年，国务院办公厅在《国务院办公厅关于加强政府网站信息内容建设的意见》中指出，政府网站的建设应将"以人为本，心系群众"作为基本原则，把人民群众的真实需求作为出发点和落脚点。同年，《国务院办公厅关于促进电子政务协调发展的指导意见》中也提出把"坚持需求导向"作为电子政务今后五年的发展原则。陈水生（2017）提出实现公共服务供给和需求匹配，提高其匹配程度成为研究的重要议题，并指出公共服务的需求管理是建设服务型政府的前导环节，也是联系公共服务供需的关键一环。以用户为中心，不断满足用户需求是建设服务型政府网站的目标，制约其成功与否的关键因素是用户层面的需求分析和顶层设计（张少彤等，2013）。可见，电子政务服务平台的建设理念逐步从"满足政府需求"向"满足公众需求"过渡，只有满足公众的需求，才能获得更高的满意度。因此，如何以公众为中心、从用户的需求出发提升电子政务服务平台的在线服务质量，需要解决以下三个方面的问题：

1）如何获取、分析、使用用户的需求？

2）满足用户需求的服务质量要素有哪些？这些服务质量要素与用户需求之间的关联程度如何？

3）结合政府电子政务服务平台情况应重点改进哪些服务质量要素？如何提高公众满意度？改进的措施和策略有哪些？

因此，如何获取用户需求及其对应的服务质量要素，如何量化它们之间的关系，如何以人民群众需求为导向优化电子政务流程和服务质量，进而提高人民群众满意度，就是本书要解决的问题。

1.3 研究目的与意义

1.3.1 研究目的

本书以客户满意度理论、质量功能展开（Quality Function Development，QFD）、服务质量差距模型、全面质量管理（Total Quality Management，TQM）理论、服务蓝图为基础，结合 KANO 模型、非对称模糊三角数、技术接受模型（TAM）、信息系统成功模型等相关理论与方法，以政府对公众服务模式的电子政务为研究对象，构建电子政务网站（微信公众号）持续使用意愿模型、在线服务质量优化模型及服务质量测评指标体系，并将其应用于具体电子政务服务平台的质量优化，验证模型的可行性与有效性，其目的在于：

1）通过分析和总结目前国内外有关服务质量、服务质量优化、电子政务在线服务的相关研究，更加深入地认识电子政务服务质量和公众满意度的形成机制、影响因素、评估模型和优化方法，为电子政务服务质量改进和优化提供理论基础和技术方法支撑。

2）从"用户需求为导向"的视角出发，将质量管理理论方法应用到政府服务领域，为电子政务在线服务质量的优化改进提供新的思路，助力"职能型"政府的向"服务型""智能型"政府的转变。构建电子政务服务平台持续使用意愿模型和在线服务质量优化模型，分析模型中各个变量的关系和作用机制，讨论电子政务网站、微信公众号服务能力提升、质量改进的具体实施步骤，并将所构建的模型应用到具体的电子政务平台在线服务质量的优化中去，提出改进和优化服务质量的策略与措施。

通过上述目标的实现，希望在"以公众为中心"的指导思想下，从用户需求出发，探索电子政务在线服务质量改进优化和公众满意度提升的路径，为政府转变政府职能，深化简政放权，创新服务方式，提高电子政务服务能力和公众满意度提供一套可行的方法和思路。

1.3.2 研究意义

推进"互联网+政务服务",是把简政放权、放管结合、优化政务服务改革推向纵深的关键环节,有利于提高政府效率和透明度,降低制度性交易成本,提高人民群众的满意度和获得感,已成为新时代提升国家治理能力现代化水平的重要支撑。本书将从理论和实践两个方面来阐述研究意义。

(1) 理论方面　拓宽了 QFD、客户满意度理论、服务管理理论方法的应用范围,同时丰富了公共服务管理、电子政务在线服务质量优化和管理的相关理论研究。首先,QFD 是工业工程领域一种以用户需求为导向的技术方法,也是一种系统化的管理方法,后来不断地被应用到其他行业,包括服务业,我们使用 QFD 方法改善和优化电子政务网站和 App 的在线服务质量,拓宽了 QFD 方法体系的运用领域,顺应了工业工程向服务行业延展的趋势。其次,在移动互联网时代,电子政务的网站服务如何能够做到以提高公众满意为目的,从用户的需求出发来提升其服务质量,已成为公共服务管理亟待解决的问题,正是基于这个目标,本书以用户需求为导向,参考客户满意度模型、KANO 模型、信息系统成功模型、技术接受模型、IS 持续使用模型,以"感知质量"衡量公众对政府网站和 App 的政务服务质量效果的评价,分析影响电子政务服务质量的影响因素,构建电子政务在线服务质量的优化模型,探索电子政务服务质量对公众满意的作用机制,研究感知质量、电子服务质量对公众持续使用政府网站、App 等电子服务平台的作用和影响的路径。

(2) 实践方面　2020 年 10 月 29 日,中国共产党第十九届中央委员会第五次全体会议通过了《中共中央关于制定国民经济和社会发展第十四个五年规划和二〇三五年远景目标的建议》(简称《建议》),其中对加快转变政府职能做出了重要部署,为全面加强政府建设、完善国家行政体系指明了方向,提供了行动指南。《建议》明确指出,要加快转变政府职能,建设职责明确、依法行政的政府治理体系。而转变政府职能的成效,最重要的还是通过政务服务中心水平和能力的提升来体现,就是要推进政务服务标准化、规范化、便利化,深化政务公开,以更好的服务为市场主体和群众办事增添便利。基于此,本书通过对政府网站、App 和微信公众号等电子政务服务平台的调研,构建了一系列的电子政务平台持续使用、在线服务质量优化和管理的模型,并结合电子政务网站和 App 调查数据进行实证分析,提出改进电子政务服务质量的对策建议,能够为政府规划设计公共电子服务平台、提高电子政务服务能力提供理论和方法,对提高政府网站和 App 的设计质量、服务质量、公众满意度和获得感,推进电子政务发展,具有重要的实践意义。

1.4　研究内容与技术路线

1.4.1　研究内容

"以用户为中心""以用户需求为导向"是现阶段电子政务服务发展的指导思想,

"提升服务质量，收获用户满意"是发展目标，为实现这一目标，必须走好以下三步：第一步，准确把握和分析公众需求，主要体现在需求归类及权重的确定；第二步，需求展开，量化需求与服务质量要素的关系，并确定服务质量要素的权重；第三步，设定提升目标，获得服务质量改进方案。这些步骤将在 QFD 理论方法的指导下，采用问卷调查、专家评分、KANO 模型、非对称三角模糊数等方法逐步开展。本书主要研究内容如下：

1）通过对政府网站和微信公众号服务平台的调研，深入分析了电子政务服务质量需求，阐述了调查与测评方法。首先，在理解电子政务公共服务对象内容与层次的基础上，从在线办事服务、政府与公众互动、网站和微信公众号性能等方面，提出了电子政务服务质量测评指标设计思路和指标体系构成。其次，阐述了电子政务服务质量测评实现的途径，并结合电子政务服务质量测评的需要，阐述了模糊粗糙集理论与 QFD 相结合方法、TOPSIS 评价方法的思想和步骤。

2）采用客户满意度模型、技术接受模型、信息系统成功模型、KANO 模型、IS 持续使用模型，结合文献分析，构建了电子政务网站公众持续使用意愿的模型、微信公众号持续使用模型及电子政务信息服务质量公众满意度模型，并结合问卷调查数据进行了实证分析。

3）以用户需求为导向，构建了基于 QFD 的电子政务在线服务质量优化模型。从形成机制、经典模型、交互过程、测量和优化方法五个方面阐述了服务质量的理论，在此基础上提出了电子政务在线服务质量的内涵，总结了目前已有的电子政务在线服务质量评估和优化的方法，并对优化方法进行了对比，选定 QFD 为本书所构建模型的基础框架，构建适合电子政务在线服务质量的具体情况的优化模型。电子政务在线服务质量优化模型是以质量屋为基础搭建的，本书依次介绍了质量屋七个部分的搭建过程：①收集用户需求和初始重要度搭建质量屋的左墙；②通过竞争性评估、目标的设定和确定最终重要度搭建质量屋的右墙；③设计服务质量要素搭建天花板；④得出服务质量要素的自相关矩阵完成屋顶的搭建；⑤运用非对称三角模糊数建立服务质量要素与用户需求之间的关系矩阵完成质量屋房间的搭建；⑥计算出服务质量要素最终的权重、技术评估及目标值的设定完成质量屋地板和地下室的搭建；⑦最终完成电子政务在线服务质量优化模型的构建。

4）将所构建的模型应用到 S 市门户网站在线服务质量的优化上，进行实例验证。选择 S 市政府门户网站为改进对象，并选择排名靠前的成都市和广州市的门户网站作为"竞品"，对构建的电子政务在线服务质量优化模型进行实例验证。阐述选择的原因及改进对象的基本情况，然后根据所搭建的模型中给出的步骤，完成 S 市政府门户网站在线服务质量屋的搭建。将收集的原始用户需求按模型中规定的需求范式进行转换，制作需求重要度调查问卷，收集用户需求和初始重要度是关键的一步。随后按模型指引，逐步展开进行 KANO 模型分类和需求重要度调整，设计服务质量要素，利用三角模糊数对需求和服务质量要素的关联度进行打分，计算各服务质量要素的权重，选择排名前七的作为关键服务质量要素进行重点改进，据此提出 S 市门户网站在线服务质量的优化方案。

1.4.2 技术路线

首先,通过描述本书研究电子政务在线服务质量优化的大背景,总结目前服务质量、电子政务服务质量、QFD、KANO 模型等相关理论知识,对相关文献进行综合阐述,提出研究的问题。

其次,本书从用户需求的视角出发,参考客户满意度模型、技术接受模型、信息系统成功模型、KANO 模型、IS 持续使用模型等理论模型,构建电子政务网站公众持续使用意愿的模型、微信公众号持续使用模型、电子政务信息服务质量公众满意度模型,以及电子政务在线服务质量优化模型。设计调查问卷,获得用户需求数据,采用 AMOS、SPSS 统计分析工具,对模型进行验证,并研究电子政务服务质量、公众满意度等变量之间的关系和作用机制。

最后,结合政府网站绩效评估的结果,选择排名靠后的政府网站作为改进对象,对构建的服务质量优化模型进行验证,并提出提升政府服务水平、加强公众持续使用意愿、提高公众满意度的对策建议,以及改进电子政务服务对象的在线服务质量的优化方案。

因此,本书的主体研究思路为"调查分析—提出问题—构建概念模型—验证模型的有效性",整体思路和技术路线如图 1-1 所示。

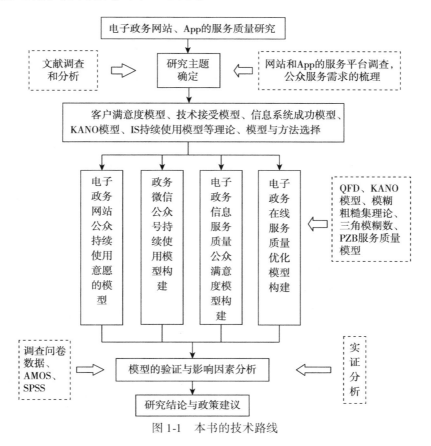

图 1-1 本书的技术路线

1.5 创新点

以公众为中心的"服务型"政府的构建，必须建立和健全电子政务服务平台，电子政务网站和 App 是政府与公众直接沟通的一个窗口，这些在线服务质量将直接影响公众对电子政务公共服务的采纳，从而影响公众的满意度。因此，以需求为主导的电子政务服务，能够促进建立以公众为中心的"服务型"政府。本书将客户满意度模型、技术接受模型、信息系统成功模型、QFD、KANO 模型、三角模糊数应用到电子政务服务质量优化和改进中，拓展了这些理论和模型的应用领域。本书的创新点如下：

1）多学科方法综合集成。本书采用理论分析、实证分析和实践研究相结合的方法。第一阶段基于客户满意度理论、服务质量管理理论、QFD 及国家对"建设服务型政府，强化公共服务和社会管理职能"的相关文件精神，结合新技术发展、电子政务发展趋势及公众对服务的需求，构建电子政务服务质量测评的指标体系。第二阶段，运用客户满意度模型、技术接受模型、信息系统成功模型、QFD、KANO 模型，对公众的接受服务的影响因素和行为方式、政府电子政务服务方式、运行机制及服务质量保障的制度措施进行系统的研究。

2）丰富了电子政务服务和电子服务质量的理论。构建了新的电子政务网站公众持续使用意愿模型、微信公众号持续使用概念模型、电子政务信息服务质量公众满意度理论模型及电子政务在线服务质量优化模型，并结合调查数据对模型进行了验证，这些成果丰富了电子政务服务及电子服务质量的理论。

3）有实用价值，突出实效。首先，研究成果将形成一套电子政务服务质量测评指标、监管措施及服务平台技术性能提升、效率提高的方法体系。其次，构建了一套"以用户需求为导向"的电子政务在线服务质量优化模型和方法，并结合四川省各级政府网站及国内知名电子政务服务平台进行了实证分析。这些成果既可以为电子政务服务的实用化、科学化、体系化建设与改革提供新的思路，也可为电子政务服务方式转变及创新改革提供帮助。

4）运用 KANO 模型解决了用户需求的满足、服务要素的提升与用户满意度之间存在的非线性关系，弥补了传统 QFD 的缺陷，增加了模型的准确性。不仅运用 KANO 模型进行用户需求重要度的调整，还对最终得出的关键服务质量要素进行 KANO 分类，根据"短期保证基本要素，中期着力期望要素，长期争取兴奋要素"的原则，制定了短期、中期、长期的优化策略，使结论更具有指导性。

5）运用非对称三角模糊数降低了用户需求和服务质量要素之间定性描述的主观性，同时运用 α-截集平均水平去模糊化计算服务质量要素的最终权重，找到关键服务质量要素，这种方式降低了传统 QFD 确定用户需求和服务质量要素关联度的主观性。

第2章 文献综述与理论基础

2.1 文献综述

2.1.1 电子政务在线服务质量的研究现状

通过对国内外电子政务服务的研究（李阳晖等，2008；马轶婷等，2014）发现，1/3以上的电子政务文献都是关于服务的，并且内容主要集中在一般性介绍、服务传递、服务管理、实证研究、综述与评价等方面。杨雅芬（2016）在对电子政务研究学派的研究中指出，关于电子政务的研究中，服务类的问题主要基于公众的视角，研究电子政务环境下公众的需求问题，首先解决公众需要什么，其次必须满足什么样的标准。基于此，本书主要从电子政务在线服务质量的评估和优化方法两方面总结目前该领域的研究情况。

（1）电子政务在线服务质量的评估　目前，电子政务服务质量的评估研究主要分为两类：第一类研究认为电子政务的服务质量受政府组织内部各要素的影响，例如管理能力、办公流程等，源于传统公共服务评价领域；第二类研究更多聚焦于服务本身和强调用户导向，认为公众需求是评价电子政务服务质量最直接的角度，源于电子服务评价领域。杨雅芬（2013）指出，由于电子政务自身的复杂性，其服务领域方面的研究还不成熟，因此更多的评价维度还需以传统服务质量为切入点。文献研究发现，关于第二类用户导向思想的研究在学术界占多数，集中在政府网站和公众满意度评价研究两个方面。2016年，中国政府网站绩效评估指标体系主要从政务公开、政务服务、互动交流、日常保障、功能与影响力五个方面展开，评估结果显示，目前政府网站整体水平在不断提高，但与社会公众的需求仍存在较大差距。2017年第四季度，政府网站抽查工作主要从网站可用性、信息更新情况、互动回应情况、服务实用情况等维度对各类政府网站进行绩效评估。Jinmei（2011）以SERVQUAL理论的五个维度为基础，提出了电子政务服务的评价维度，以及每个维度对应的问项。丁艺等（2017）对我国338个城市的电子政务在线服务进行了现状评估，采用层次分析法设计评估指标体系，其中一级指标有在线服务成熟度和在线服务用户体验（服务过程、多渠道服务交付、服务易用性、用户满意度），结果显示我国电子政务在线服务发展差距较大，应从服务的多样化、一站式、广度与深度等方面进行提升。2016 年，Filipe Sá 等通过总结传统服务、电子服务、电子政务在线服务三个方面的质量模型并结合自身的理解，给出电子政务服务评估维度，即顾客支持、渠道多样、可靠性、服务传递的准时性、信息公开、信息质量、抱怨处理、隐私性、安全性、实用性、网站设计。2017 年，Filipe Sá 等提出了地方政府电子政务的在线服务质量评估模型，模型包括四个一级评价指标（管理、信息、服务、技术），每个一级评价指标下面都有二级指标，其中服务的二级指标有可靠性、守信性、实用性、集成化、互操性、个性化、隐私性、安全性、多样化、处理速度，并给出了 5 分制评估量表与权重计算公式。

早在 2006 年，国外关于网站的研究就不再局限于政府是否建立了网站及网站提供信息和服务的数量，而开始关注于信息和服务的传递渠道与方式，以及网站如何满足不同用户的需求。杜浩文（2010）通过对比国内外政府网站服务质量评估研究发现，目前我国关于这方面的研究目的都在于发现当前问题和提出建议对策，但往往缺乏实践的引导，评价主体忽略了服务对象，评价内容重技术轻服务，评价方法定性较多，评估指标国外更强调以用户为中心，而国内多以网站建设为中心。谢人强等（2015）基于公众满意度理论，建立了政府门户网站的评价指标体系，利用层次分析法确定权重，其中一级指标有政府形象、预期质量、感知质量、感知价值、感知易使用、公众满意、公众信任。目前，政府网站在线服务质量评估更多的是从政府角度出发进行的绩效评估，较少有从用户的需求出发的，为了适应信息化时代的到来及服务型政府的建立，今后的评价体系都应以用户为中心，以需求为导向。

（2）电子政务在线服务质量的优化　服务质量的评估主要是为优化服务质量做铺垫，目前国内外关于电子政务服务质量优化的研究主要有三个方面：一是利用服务质量评估，找出影响服务质量的短板要素，然后进行改进。例如，董政刚（2013）运用服务质量差距模型分析政府网站服务质量产生差距的原因，在此基础上提出了改进策略；蒋录全等（2006）以公众的满意度为评价尺度建立评估体系，准确反映公众满意状况，以便持续改进电子政务服务质量和水平。二是提出改进的指导思想与策略。顾平安（2008）提出了以满足公众服务需求的面向公共服务的电子政务流程再造的基本内容，提出了渐进的、逐步优化的再造策略；于施洋等（2012）提出了一系列基于用户体验的政府网站优化建议，主要包括精确识别用户、精心设计服务界面、动态调整栏目、提升搜索引擎可见性四个方面；王舵（2016）提出以"互联网＋政务"的新模式优化在线服务模式。三是提出具体的方法体系。例如，王健（2010）将六西格玛管理方法应用到政府网站服务质量的改进中，并结合具体的网站验证了该应用的可行性。

2.1.2 感知服务质量及模型

Gronroos（1982）首次提出服务质量是由消费者自身感知的，即"感知服务质量（perceived service quality）"，他认为感知服务质量是消费者对服务前所期望的服务与实际感知到的服务比较的结果。若实际感知大于期望的服务，则顾客感知服务质量是良好的。

Lehtinen（1982）认为服务质量是顾客所感知的质量，具有主观性，是顾客通过对比他们认为服务提供者应该提供的服务与他们实际感知的服务而产生的，并提出结果质量和过程质量的概念，将服务质量与产品质量从本质上区别开来。Cronin 和 Taylor（1992）提出服务质量应是消费者实际感受到的服务水平。Brady 和 Cronin（2001）认为服务质量是顾客对交互质量、有形环境和结果质量等方面的感知。当网络用户感知到社区服务质量较高时，会对网络社区服务价值做出积极的评价，其持续使用的意愿也会进一步增强（易法敏等，2013）。王凤艳等（2011）研究发现用户感知到的网络服务质量对用户信任感的产生具有显著的促进作用。当用户认为网络众包社区服务质量较高时，对该社区的信息和提供的网络服务就更为信任。

关于感知服务质量的研究都是基于多个维度，并没有一个一致的标准维度。Gronroos 和 Lehtinen（1982）以及 Mels、Boshoff 和 Nel（1997）提出了两个维度（技术质量和功能质量），Rust 和 Oliver（1994）提出了三个维度（环境、设施等有形质量、企业形象和企业与顾客之间的交互质量），Parasuraman、Zeithaml 和 Berry（1988）提出了五个维度（有形性、可靠性、响应性、保证性、移情性）。显然，对感知服务质量的评价是对几个抽象问题的高复杂度的评价过程，这就缺少一个统一的理论或者概念，也反映了这种体系的复杂性和多层次性。

美国服务管理组合 Parasuraman、Zeithamal、Berry（1985）（简称 PZB）提出感知服务质量的五维度 SERVQUAL 模型，将感知服务质量划分为五个维度：有形性（外观、设备、人员和宣传材料等）、可靠性（完成承诺服务的能力）、响应性（快速抓取用户需求并提供及时的服务）、保证性（员工向顾客传达礼貌、诚信和安全等）、移情性（贴心的、个性化、关注客户、了解客户）。Michael K. Brady J. Joseph Cronin Jr（2001）对 SERVQUAL 模型的维度进行了改进，提出九个维度的研究模型，该模型由交互质量、实际环境质量和结果质量三个维度构成，每个维度下又由三个子维度构成（见图 2-1）。

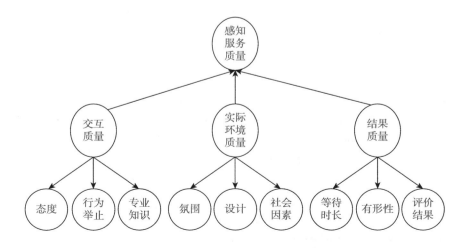

图 2-1　Michael 等的感知服务质量模型

Dabholkar 等（1996）提出了能运用于零售业的感知服务模型，在 SERVQUAL 模型的基础上添加了一些属性。Dabholkar 认为客户会从整体层、主维度层和子维度层去评价感知服务质量，其中主维度层包括五个因子，即实体性、可靠性、人员交互、问题处理和公司政策。每个因子又由多个子维度因子组成。但 Dabholkar 模型是针对传统零售行业的，并不是很适用于电子服务，尤其是电子政务。

2.1.3 电子政务公众满意研究现状

公众满意度是评估电子政务服务的重要指标，反映了政府电子政务服务平台提供公共服务方面的成效和存在的问题。在客户满意度测评的实践中，以费耐尔（Fornell）逻辑模型为基础的客户满意度指数测评方法先后被瑞典、美国、欧盟、新西兰、新加坡、马来西亚、韩国等数十个国家和地区所采用，逐渐成为国际上客户满意度测评的通用方法。采用客户满意度指数测评方法的国家和地区，其测评模型虽然都是以费耐尔逻辑模型为基础建立起来的，但是都根据其国家和地区的实际情况进行了修正，并处于不断发展和完善之中。我国学者和政府部门在探讨电子政务公众满意度时，大多参考瑞典顾客满意度指数（简称 SCSB 模型）、美国顾客满意度指数（简称 ACSI 模型）、欧洲顾客满意度指数（简称 ECSI 模型）或清华顾客满意度指数（简称 TCSI 模型）来构建电子政务公众满意度模型。例如，谭婧（2018）从信任、系统质量、信息质量、服务质量、感知有用性、感知易用性等方面，构建了政府微博公众满意度模型，研究发现：信任正向影响公众对政府微博的系统质量、信息质量和服务质量的感知，系统质量和信息质量正向影响公众对政府微博的易用性感知，信息质量和服务质量正向影响公众对政府微博的有用性感知。同时，信任、感知有用性和感知易用性均正向影响公众满意度。智幸花（2021）采用 D&M 模型，结合公民参与理论和新公共管理理论，从信息质量、系统质量和服务质量三个方面构建了拉萨市电子政务公众满意度模型，并结合问卷调查进行了实证分析。陈艺（2021）根据美国顾客满意度模型，选择感知质量、公众期望、政府形象、公众满意度、公众信任、公众抱怨变量，构建了公众对网上政务服务满意度测评模型，并运用 SPSS 22.0、AMOS 21.0 等软件工具，结合问卷调查分析了各变量对服务满意度的影响路径。程镝（2021）基于顾客满意度理论，选择感知质量、政府形象、公众期望、公众满意度变量，构建了政务服务中心服务质量公众满意度模型，并利用公众对市政务服务中心"最多跑一次"改革满意度的调查统计数据，来分析公众满意度的影响因素及作用机制。郝玲丽（2020）综合考虑了经典顾客满意度模型的理论和我国政府网站的自身特点，选取政府形象、公众预期、感知质量、信息公开、在线办事、互动交流、网站性能、公众满意度八个潜在变量构建了模型，以西安市政府门户网站作为实证研究对象，对通过调查问卷方式获取的问卷资料内容进行赋值处理和数据分析，并对潜在变量之间的关系和模型进行验证。

2.1.4 QFD 在改善服务质量中的应用研究进展

20 世纪 90 年代，我国开始引进 QFD 技术，之后开展了一系列的研究与实践，随着企业界对于服务质量研究的不断深入，QFD 在我国的应用领域也不断扩大，从最早的汽车零部件、电子产品等工业领域，到今天的软件、服务业、餐饮业、教育等行业，都有了大量的应用案例。QFD 最为明显的特征就是将问题前置，在前期的需求分析和竞品分析中将问题彻底暴露出来并及时解决，因此能在开发初期对产品或者服务的质量实施全方位的保证，在质量管理、服务创新等领域得到了广泛的应用（孟庆良等，2012）。最初 QFD 主要活跃在工业制造领域，随后逐渐发展到服务业等其他领域。大部分的文献中，QFD 主要用于产品或者服务设计质量的提升，因此将其应用到服务过程改善和优化中也是大有可为的。

国外方面很早就有学者将 QFD 应用到服务领域了。1993 年，Graessel 等将 QFD 运用到顾客服务中以减少顾客等待时间，提高了满意度；1995 年，Ghobadian 等应用 QFD 来改善意大利航空的服务品质（李夔等，2005）。国内方面，胡青松（2004）将 QFD 用于改善证券企业的服务质量，通过构建顾客质量屋将内外部客户的需求转换成了具体的服务内容及公司需要加强的具体服务措施，从而提出了一套基于 QFD 能够改善证券企业服务质量的方法；付利华等（2006）基于 QFD 方法利用顾客满意度的思想，通过认真收集和分析顾客需求，提出了一套改善物流服务质量的结构化方法。曾文俊（2007）以台资高科技贸易公司为例，提供了一些优于传统质量与顾客满意度的意见，再运用 QFD 系统地探讨了客户的需求，了解了顾客期望质量与感知质量的差异，利用质量屋找出了有待改善的程序，并拟定了可实施的服务质量改善方案及执行的优先等级。梁文宾（2007）将 QFD 运用到服务业中，并结合服务质量差距模型和层次分析法设计了适合服务业的四阶段 QFD 模式。王海洋（2009）在深入分析第三方物流企业的服务质量现状之后，结合服务质量差距模型找出差异出现的原因，并引入 QFD 找出影响服务水平的关键因素，再通过 QFD 分析将服务质量需求转化成具体改进的措施并落实到职能部门，从而完成了基于 QFD 的第三方物流服务质量改进研究。王荣祥（2011）提出了基于 QFD 的图书馆服务质量评估方法，并建立了图书馆服务质量评估的质量屋模型，通过多阶段的 QFD 模型来实现评估过程，在此基础上进行服务质量的改善研究。李明亮（2012）将更贴近顾客需求的 QFD 方法引入到电子商务服务质量的评价中，同年贾文蕊提出了汽车售后服务质量改进的 QFD 方法，建立了售后服务质量屋及 QFD 的改进模型，并进行了实证分析。尹睿（2013）运用 QFD 和质量屋进行建模，对电信政企客户部的服务质量进行评估与改进，从而提出了服务质量优化改善方案。于宝琴等（2013）利用 QFD 结合模糊集理论提出了两阶段 QFD 的快递服务质量改进方法，并验证了该方法的有效性。王楠楠（2015）将 QFD 方法引入到医疗服务组织的质量管理中，构建了医疗服务质量改进模型，并结合实际案例进行了验证。黄怡等（2016）将 QFD 用于确定旅游景区服务质量关键控制点，并针对得出的结果制定实施策略。赖玲玲等（2017）进行了基于 QFD 的旅游业在线服务质量优化研究，并进行了实例分析，验证了该方法用于制定旅游业在线服务质量改进方案的可行性。

2.1.5　QFD 与 KANO 模型的集成研究现状

国外研究情况大致为：Arash（2017）集成 KANO 模型和 QFD，构建了基于 SERVQUL

模型的教育机构客户满意度评估模型。洪尹顺等（2016）在QFD的运用过程中提出了一种利用KANO模型和模糊聚类分析对顾客需求进行分类的顾客需求分析模式，该模式能够很好地解决QFD中存在的语义模糊、定量分析不足、客户定位不明确等问题。Kuo等（2016）借助QFD中质量屋矩阵和KANO模型实现了市中心酒店服务质量的提升。李方玉等（2015）提出了一种基于QFD和KANO模型的老年人娱乐产品设计方法，利用KANO总结了产品的魅力属性，通过QFD找到实现这些属性的功能，基于此设计出供老年人娱乐的产品。Chen等（2015）利用KANO模型提取零售业服务质量量表中各因素的重要度，并结合QFD用于提高服务质量，从而提升百货公司的业绩。Tsu-Ming等（2014）集成KANO模型、QFD和灰色关联分析用于提升疗养院的服务质量。Kuo等（2014）又将KANO和QFD集成应用于保健食品的开发，帮助企业有效配置资源，制定产品开发策略，不仅提高了品质，还提高了顾客的满意度。Yoon-Eui等（2013）将KANO理论和QFD用于发现产品设计的关键属性。Liu（2012）利用KANO模型对QFD中获取的用户需求初始重要度进行调整，并实例验证了该方法的可行性。Chang等（2011）集成KANO模型和QFD探讨品牌接触，挖掘魅力型接触属性，为提高顾客满意度和企业自身的竞争力提供方向。Te-King（2005）充分继承KANO模型和QFD的优势，构建了满意度决策模型用于提高在线学习系统的员工满意度。Tan等（2001）集成SERVQUL、KANO模型和QFD用于服务改进。Shen等（2000）为了保证新产品开发项目的高效运行，集成KANO模型和QFD，构建了用于创新产品开发的过程模型，有助于打造魅力型产品属性，保证产品创新的实现。

国内近十年关于QFD和KANO模型集成的研究主要集中在产品或服务的设计及服务质量优化两个方面。2017年，石元伍等基于这两种方法提出了一种能够在医疗服务机器人造型设计过程中确定顾客需求优先级的方法，此外，李娜（2017）还将它们应用到印刷品个性化制作平台的设计优化中。闫爽毅（2016）运用KANO模型和QFD的集成方法对疗养院的服务质量进行优化研究，KANO模型主要应用在QFD顾客需求的竞争性分析中。史晓丹（2015）在以顾客需求为导向的B2C电子商务服务质量优化研究中，利用KANO模型并结合KJ法、层次分析法深入挖掘顾客需求，作为QFD质量屋矩阵的输入。蔡礼彬等（2015）利用KANO模型和QFD确定游客服务需求的服务品质要素，为主办方确定管理重点提供参考。孙圆圆等（2014）使用KANO模型修正了用户的初始重要度，利用QFD的核心工具质量屋得出了个性化产品特性的最终重要度。吕锋等（2014）集成粗糙集、KANO模型、决策试验和评价实验室（DEMATEL），使QFD过程中的顾客需求分析更加准确。唐晓玲（2013）利用KANO模型修正用户需求的重要性，结合QFD进行数字图书馆服务质量的评估，以求更加全面地满足用户需求。吴文理（2013）基于KANO模型设计客户满意度模型，通过QFD模型得出产品设计的关键特性，为得出有效的产品设计方案打下基础。李兴国等（2011）基于QFD和KANO模型构建了一套新的供应商选择方法，并验证了方法的有效性。王娟丽等（2010）基于QFD和KANO模型提出了定量的顾客满意度分析模型。段黎明等（2008）以KANO模型的分析结果作为QFD的输入，并将其结果应用于确定QFD中需求的重要度。

在 QFD 展开的过程中，需要输入大量的信息，多数情况下，这些信息都是人为的判断和认识，具有主观性和模糊性，因此为了增强 QFD 在质量改进中的运用效果，需集成其他的方法。值得一提的是，能否真实地反映顾客需求是运用 QFD 进行质量改善的关键，KANO 模型对顾客需求进行了合理分类，因此在 QFD 运用过程中结合 KANO 模型来理解和分析顾客需求及服务于质量要素能够增强 QFD 的可靠性。传统的 QFD 在许多行业取得了较好的成效，但随着应用和研究的不断深入，其缺陷也不断显现。传统 QFD 认为产品属性的表现程度与顾客满意度之间是线性且独立的关系，有的需求的提高并不一定会带来顾客满意度的提升，换句话说，产品/服务提供的某些需求与顾客满意度之间存在非线性关系，KANO 模型能够很好地解决这一问题。在 QFD 的分析过程中引入 KANO 模型，能够更加精确地反映顾客的需求，帮助提高顾客满意度与忠诚度，消除不满。国内外的学者主要用 KANO 模型挖掘新产品或者服务中的魅力特征，定义顾客不同需求的属性，对顾客需求的权重进行适当调整，增加顾客需求重要度的可靠性。由此可见，将 QFD 和 KANO 的集成模型用于服务质量的优化中已有较多的案例，说明了其用于电子政务在线服务质量优化的可行性。

2.1.6 电子政务服务质量测评的研究现状

通过文献梳理，电子政务服务质量评价主要分为公众角度、网站角度和综合角度三个方面。

（1）从公众角度评价电子政务服务质量　从公众角度对电子政务服务质量进行评价主要是通过公众对电子政务服务感知来测量电子政务服务质量。林瑶瑶（2013）对公众价值视野下电子政务服务质量绩效评估进行了研究，其中电子政务服务质量包括有形性、可靠性、响应性、保证性、移情性。朱娜（2014）以公众体验为视角构建了电子政务信息服务质量模型，并对假设模型和指标进行验证，最后得到影响公众体验的六个质量因素，即有效性、技术保障性、互动性、易用性、信息内容及网站设计，并根据结果提出了建议。Paul Jen-Hwa Hu 等（2009）基于用户持续使用行为的角度，构建了以技术特征和服务特征为维度的电子政务持续使用模型。其中，技术特征包含感知有用性和感知易用性两个因子，服务特征包含便利和安全两个因子。

（2）从网站角度评价电子政务服务质量　从网站角度对电子政务服务质量进行评价主要是通过网站本身质量的评估来测量电子政务服务质量。段世惠（2014）在基于云计算的电子政务公共平台研究中，电子政务服务质量的评估指标体系包括准确性、有效性、响应性、安全性、可靠性和友好性六个方面的特性及其下属子特性。Papadomichelaki（2012）在其研究中指出，电子政务网站或门户的服务质量包括易用性、信任、互动环境的功能、可靠性、内容与外观、用户支持六个方面。Wangpipatwong 等（2005）研究认为网站信息质量和系统质量两个因素主要对电子政务网站用户采纳产生影响，其中，网站信息质量从准确性、相关性、完整性、及时性和精确性五个维度定义；系统质量则具体表现为功能性、可靠性、可用性和效率性四个维度。

（3）从综合角度评价电子政务服务质量　从综合角度对电子政务服务质量进行评价主要是通过多个角度和多个方面的测量来进行。唐冉（2016）在用户模型及影响因素研究的基础上，从用户满意度的视角出发，结合电子政务系统主体行为和环境进行分析。电子政务服务质量因素包括咨询反馈通路数、内容时效性、咨询反馈周期、内容更新频率、技术更新率和系统二次开发率。唐冉（2016）应用 Anylogic 仿真平台，搭建电子政务系统用户满意的 SD 模型并进行了实证研究。吴莹（2014）指出，政府电子服务的应用形式主要是基本信息服务、在线办事服务和在线沟通服务。基本信息服务或者说是基本信息公开，是最基本也是最广泛的服务，在政府提供的各种电子服务中数量最多。在线办事服务是政府电子服务中发展最为迅速的服务，特别是近年来，其受重视程度越来越高。而在线沟通服务作为衡量政府电子服务发展状况的重要指标，在政府电子服务中也占据了很大的份额，仅次于基本信息服务。因此，电子政务服务质量包括基本信息服务、在线办事服务、在线沟通服务。Sung 等（2009）分别从用户和管理者两个不同的角度出发，通过网页设计、可靠性、回应性、个性化、信息质量、系统质量等维度研究电子政务环境下用户感知的总体服务质量与用户满意。

上述评估模型采用不同的方法，从各自的视角对电子政务服务质量进行了评价，但基本上都只涉及电子政务服务质量与某一层面的关系，而很少考虑其与多个层面的关系，而且也仅仅基于 SERVQUAL 等量表选取维度构建的模型。

2.2　服务质量

2.2.1　服务质量的形成机制

服务质量（Service Quality）相对于产品质量，具有无形性、质量的差异性、易逝性、顾客评价的主观性等特点，难以具体定义和衡量，因此只能用语言描述。有关服务质量的研究始于 20 世纪 80 年代初，Levitt（1972）首次将服务质量定义为：服务的最终结果能符合最初制定的标准，但该定义并没有体现无形的服务质量与有形的产品质量的区别。Gronroos（1982）率先提出了感知服务质量，认为服务质量是顾客期望的服务（Expected Service）与实际感知到的服务（Perceived Service）之间的对比结果，总服务质量由技术质量、功能质量和企业形象共同构成。服务质量是由顾客的主观感知决定的，其评价主体是顾客而不是管理者，该理论赢得了学术界的广泛认可，为后来服务质量领域建立的许多服务质量模型提供了理论基础，使产品质量和服务质量有了本质性的区别。

随后，许多学者在此基础上对感知服务质量进行了更加深入的研究。1985 年，PZB 认为顾客所感知的除了服务本身以外还有服务提供的过程，提出顾客感知服务质量是多维的，以及服务质量是服务前顾客的期望和服务后顾客的实际感受两者的差距。还有学者认为服务质量是所提供的服务相较于顾客的期望处于较高的水平上（Philip 等，

2003)。其他学者也提出了服务质量的定义，虽不完全相同，但都有"顾客是服务质量的评价主体"这一重要共同点。由此可以看出，服务质量是由顾客的期望和实际感知的差距决定的。若实际感知小于期望，则服务质量低；若实际感知大于或者等于期望，则服务质量高。此外，服务质量比产品质量更难确定，服务结果和服务工程都需要纳入服务质量的评估。

2.2.2 服务质量的经典模型

（1）Gronroos的服务质量模型　1984年，Gronroos基于感知失调理论对其之前提出的理论进行了修正，提出了服务质量模型，如图2-2所示。模型显示，顾客感知服务质量由技术质量（what，服务结果）和功能质量（how，服务过程）组成，并且取决于期望服务与感知服务之间的差距，企业形象在技术质量和功能质量影响顾客感知服务质量的过程中起过滤作用：如果顾客心中的企业形象良好，即使企业服务出现小的失误也是可以理解的；如果形象差，服务失误会对顾客的感知服务质量产生负面影响。

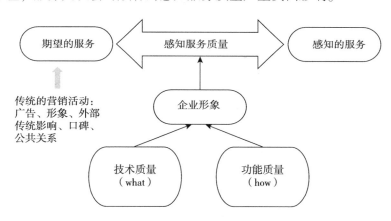

图2-2　Gronroos的服务质量模型

（2）PZB的服务质量差距模型　PZB（1985）在上述模型（见图2-2）的基础上，提出了服务质量领域非常经典的服务质量差距模型。该模型指出了服务质量形成过程中可能存在的五个差距，其中：服务质量＝感知服务质量－期望服务质量，差距5受到其他四个差距的影响。服务质量差距模型展示了服务质量的形成过程，分析了质量问题产生的原因，为管理者改善服务质量提供了基础参考。

（3）服务质量容忍区域模型　PZB最初将"期望服务"定义为"服务应当怎样"，经多次修正，于1994年将期望服务分为恰当服务和理想服务，并引入了容忍区域（Zone of Tolerance，ZOT）的概念，将容忍区域定义为恰当的服务与理想的服务之间的区域，构建了服务质量的容忍区域模型（见图2-3），将服务质量差距模型中的差距五分解为感知服务优势差距和感知服务恰当差距。此外，Zeithaml等（1993）还将影响顾客期望的因素分为可控因素和不可控因素，例如服务承诺属于可控因素，顾客自我认知属于不可控因素。

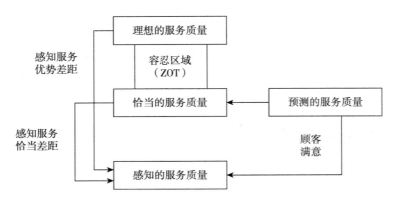

图 2-3　PZB 的服务质量容忍区域模型

随后，学者们相继提出的一些新的观点大多是在感知服务质量模型、服务质量差距模型和服务质量容忍区域模型的基础上延伸出来的，这些观点对这三个模型做了很好的补充，帮助研究者更好地理解服务质量，由此可见这三个经典的服务质量模型在服务质量领域的重要性。

2.2.3　服务交互过程——服务蓝图技术

服务蓝图（Service Blueprint）起源于美国，是服务质量管理领域一种非常重要且常用的工具，主要应用于服务质量改进、服务设计及服务流程优化（张亮，2017）。King-man-Brundage（1987）和 Lynn Shostack（1989）等专家在服务设计中引入工业设计、决策学、计算机图形学等其他学科知识，为服务蓝图技术做出了开创性贡献。服务蓝图技术是一种基于流程图，通过不断描述服务提供过程、服务遭遇、员工和顾客的角色及服务有形证据来直观展示服务体系的工具（徐明等，1999）。Wirtz 等（2007）提出运用服务蓝图的两个关键：一是聚焦服务发生和传递过程中的关键点（Key Point）；二是需明确这些关键点之间的联系。同时，他还指出了服务蓝图的三条重要分界线：①区分了顾客接触的前台（Front Stage）和参与服务的员工与支持保障行为组成的后台（Backstage）；②阐明了顾客与员工的接触活动，以及后台如何支持这些活动；③帮助管理者鉴别服务过程中会对服务质量造成影响的潜在失败点。

服务蓝图结构如图 2-4 所示，顶端是有形证据（Physical Evidence），即每一个客户行为在每一个真实的时刻，接触到的实物证据。四个行动领域：①顾客行为（Customer Action），服务传递过程中顾客参与的所有行为；②前台服务员工行为（Onstage/Visible Contact Employee Action），与顾客面对面接触的服务员工的所有行为；③后台服务员工行为（Backstage/Invisible Contact Employee Action），发生在后台顾客不可见的服务员工的所有行为，主要为前台员工提供技术等保障服务；④支持保障过程（Support Process），所有顾客接触能够影响其感知质量的有形体（Muhammed 等，2017），包括所有用来保障服务体系正常运作的辅助性行为。将这四个行动领域分隔开的三条水平线分别是：顾客与前台服务员工之间的外部互动分界线、前后与后台之间的可视分界线、后台服务员工与支持保障流程的内部互动分界线。与水平线相交的垂直线代表服务接触的发生。电子商务环境下的服务不仅仅是顾客与中间设备的交互，也可能会与后台的客服、技术等相关人员进行交互。

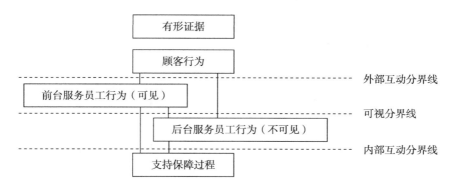

图 2-4　服务蓝图结构

2.2.4　服务质量的测量方法

服务质量测量模型主要分为量表法和综合评价法两大类，量表法中最具代表性的当属 SERVQUAL 理论。1985 年，PZB 在提出服务质量差距模型的同时还提出了服务质量十维度测量模型，包括 10 个维度和 97 个问项，用来测量顾客对服务质量的期望与感知。经过 PZB 的不断完善，最终浓缩成有形性、可靠性、响应性、安全性和移情性五个维度及 22 个问项，这就是较早的 SERVQUAL 量表。该量表依据"服务质量差距模型"，最终的服务质量得分＝顾客的感知水平得分－期望水平得分，服务质量的五个维度被细分为若干问题，通过问卷调查，受访者对每个问题进行打分，最终通过综合计算得出服务质量的得分。但 SERVQUAL 量表只看重受访者给出的结果，而忽略了受访者评价过程中可能会出现的理解偏差等问题造成评价结果失真的情况。因此，1991 年 PZB 对最初的 SERVQUAL 量表进行了再一次修正，将原先量表中反向问题全部改为正向问题，并修正了部分措辞，提高了量表测量结果的可信性。

许多研究和调查表明，SERVQUAL 量表在学术界被大量引用到其他评价方法的原始模型中或者将其作为模型构建的基础（Filipe Sá 等，2016）。1992 年，Cronin 和 Taylor 认为顾客的期望不易衡量，因此直接测量顾客对服务的实际感知更为妥当，提出采用单一变量（感知服务绩效）来测量顾客的感知服务质量，命名为 SERVPERF 量表，虽创新不多，但更加简单实用。在 SERVQUAL 量表基础上构建的模型还有很多，例如用于测量电子服务质量的 E-S-QUAL 模型（Parasuraman 等，2005）和改进版 SERVQUAL 量表（Li, Suomi, 2009），Alanezi 等（2010）提出的电子政务服务评估模型，Srivastava 等（2011）提出的 SERVQUAL Gap 模型用以测量服务质量和公民满意度之间的差距。

综合评价法主要有专家评价法、模糊综合评价法、层次分析法等。在服务质量维度的重要性评价中，需要结合其他量化评估的方法，专家评价法是运用比较广泛也较为简单的一种综合评价的方法，主要根据专家的经验和专业知识对相应的评价指标进行打分，但这种方法对专家的水平依赖较高，同时得出的结果主要是主观上的判定，容易造成偏差，还有其他一些基于模糊理论的评价方法，因为该理论符合评估者主观判定的不确定性特征，与量表测量法结合被广泛应用于服务质量的评价。

2.2.5 服务质量的优化方法

在充分理解服务质量的形成机制并对服务质量进行测量之后，便可结合测量的结果对服务质量进行管理和优化。张冬（2017）将 QFD、KANO 模型、模糊集集成应用于优化 B2C 天猫店铺的整体服务质量，闫爽毅（2016）运用 QFD 优化疗养院的服务质量，樊泽恒（2013）将全面质量管理（TQM）应用于高等教育教学质量的提升，张亮（2013）将服务蓝图技术用于信息咨询公司服务质量的优化，Muhammed 等（2017）将服务蓝图技术作为提升餐饮业服务质量的工具。Ching-Hung Lee 等（2015）将 TRIZ 理论、服务蓝图及 QFD 综合应用于智能停车服务的设计，王宇辉等（2017）又集成 TRIZ、服务蓝图、服务 QFD 用于自助餐厅点菜系统的创新，从而达到提升服务质量的目的。郭静（2015）将六西格玛管理理论应用于高校图书馆服务质量的提升中，高红英（2014）将六西格玛设计应用于戴尔工地售后服务质量的优化研究中。除此之外，还有基于用户体验和用户需求视角进行服务质量优化的，以及根据服务质量评估结果进行服务质量优化的。由此可见，能用于服务质量优化的具体方法有 QFD、TQM、服务蓝图技术、TRIZ 理论、六西格玛管理。

2.3 电子政务在线服务质量

理解电子政务在线服务质量，首先需要了解电子政务的概念及认识电子政务服务的内容，其次需要结合服务质量的相关理论和现有的研究总结出电子政务在线服务质量的内涵。

2.3.1 电子政务的内涵

电子政务（E-Government）也可称电子政府，对于它的定义，不同的组织和研究者从不同的角度给出了不同的看法（唐协平，2007）。例如，世界银行（World Bank）（2001）从客户关系的角度出发，将电子政务定义为政府依靠先进的信息技术实现政府与公民、企业及其他政府机构的关系转变；Tapscout（1997）从技术的角度将其定义为一种基于互联网的政务形式，将新技术、内部的法律系统、政府信息化中与人相关的事务连接；Backus（2001）从管理与变革者的角度狭义地认为电子政务是在信息交流技术的驱动下，对政府处理事务的方式的变革；还有综合以上定义对电子政务做出了综合性的定义，王智慧等（2009）认为电子政务是指政府机构内部的信息化和自动化，运用现代先进的信息技术，打破时间、空间及部门之间的限制，为政府内外部提供一套高效、优质的管理办法与服务。

因此，电子政务是政务活动与信息技术相结合的产物，运用电子信息技术构建一个虚拟组织，政府部门之间及政府与外界之间全部通过电子渠道进行交流，并可以根据不同群体的不同需求提供不同的服务。电子政务是一套新的管理体系,大量重复的政务通过设定好的程序在网上处理,大量决策权得到下放,政府职能需考虑重新定义,并对传统的政务流程、组织架构进行调整和优化。郭昊(2010)综合各方的意见,较为全面地将电子政务定义为各级政府之间以互联网为媒介,在利用信息技术对传统政务进行不断改革的基础上,实现政府组织结构和业务流程的优化重组,打破时间、空间及部门之间的限制,提供全面、优质、透明、高效且符合国际标准的管理和服务,实现所有政务的一体化管理。

我国在2006年的《国家电子政务总体框架》中明确提出"服务是宗旨"的电子政务建设目标。根据服务对象的不同,Al-Jaghoub等(2010)将电子政务分为五大类:政府与公民、政府与企业、政府与政府、政府与员工、公民与公民。还有学者将电子政务简单地分为三类:政府与公民、政府与企业、政府与政府。其中,政府与公民模式是电子政务中举足轻重的一部分,其主要内容是政府对公众的信息管理与服务,例如政府利用网站、信息系统、邮箱等为公民提供服务,并要求所传递的信息和服务能够满足公民的需求。电子政务的主要功能有信息公开、在线服务、资源共享、办公自动化等,本书所选择的研究对象主要针对政府与公民模式的电子政务在线服务功能。

2.3.2　电子政务在线服务质量

关于电子政务服务质量的形成机制,目前的研究成果并不是很丰富,因此关于电子政务服务质量的定义及内涵还没有统一的说法,但满足公众需求的观点已经被普遍接受。张成福(2004)提出"以公民为中心"是电子政务的终极目标;孙良文(2011)经研究指出影响电子政务成功的因素中最重要的是服务质量,根据PZB等提出的顾客服务质量感知模型,提出电子政务的服务质量可以理解为公众的期望质量与感知质量之间的差距。杨雅芬(2013)将电子政务服务的质量阐述为:政府部门提供的电子政务服务的特性总和,这些特性能够满足公民显性和隐性的所有需求,并将其定义为公民实际得到的电子政务服务与期望得到的服务之间的差距。

本书所研究的电子政务在线服务(Online Service)主要是指政府部门通过网站向公民提供的服务,在PZB和Gronroos提出的有关服务质量理论的基础上,将电子政务在线服务质量(SQ)定义为公众期望得到的电子政务在线服务水平(E)和实际感知到的服务水平(P)之间的差距,即$SQ = P - E$。当$P < E$时,实际感知低于期望水平,顾客感知服务质量低,并随着差距的增大,顾客感知服务质量越来越低;当$P = E$时,实际感知与期望水平之间差距为零,顾客感知到的服务质量令人满意;当$P > E$时,实际感知超出期望,顾客感知服务质量高,随着差距的增大,顾客感知服务质量越来越高。

2.3.3　优化方法的对比分析

目前用于服务质量优化的方法主要有TQM、QFD、服务蓝图、TRIZ、六西格玛等,服务质量优化方法的对比与分析见表2-1。

表 2-1 服务质量优化方法的对比与分析

方法	概念	优势	劣势
TQM	国际标准化组织（ISO）将 TQM 定义为：以质量为中心，以全员参与为基础，通过让顾客满意和组织所有成员及社会受益而达到长期成功的管理途径（李琦，2006）。以产品或者服务的质量为核心，建立一套科学严密的质量体系，以提供满足顾客需求的产品或者服务的全部活动	具有全面性、全员性、预防性、服务性和科学性，以企业生产经营的全过程为研究对象，企业的产品或者服务需要满足顾客的需求，为顾客服务	前期宣传、内外部培训、综合管理的成本较高，它是一种管理途径和管理思想，操作起来难度较大，系统性研究较少
QFD	QFD 是一套将顾客需求转换成代用质量特性，进而确定产品的设计质量（标准），再将这些设计质量系统地（关联地）展开到各个功能部件的质量、零件的质量或服务项目的质量上，以及制造工序各要素或服务过程各要素的相互关系上的方法。它通常包括两个基本过程：需求的提取和需求的瀑布式分解过程（车阿大等，2008）	QFD 能够保证在产品开发或服务设计过程中最大限度地满足顾客需求。在多个国家多个领域都有实践案例。系统化、结构化的分解，具有较强的操作性	顾客需求的可靠性、过程中各要素的重要度、关联度直接决定了该方法的有效性，因此具有一定的局限性
服务蓝图	服务蓝图是一种基于流程图，通过不断描述服务提供过程、服务遭遇、员工和顾客的角色及服务有形证据来直观展示服务体系的工具（徐明等，1999）	服务过程的二维描述展示了服务过程中各环节的交互，明确了顾客与企业、服务人员的接触点，便于更好地分析影响服务质量的原因（杜学美等，2013）	虽能明确改进的方向，但针对具体如何改进、改进多少的问题并没有对应的方法和步骤
TRIZ	TRIZ 是一套创新问题解决理论，包括创新的定义、发明的原则和程序、一套问题解决工具和庞大的知识库。在 TRIZ 的工具和方法中，矛盾矩阵应用最为广泛，也常被作为质量提升工具（刘洪伟等，2015）	TRIZ 的目标是在不损害其他特性的情况下改善一个或多个特性以完全解决矛盾（刘洪伟等，2015）。40 条创新原则和 39 个工程属性均有与服务行业进行适配的案例（G. Retseptor，2003）	这一套问题解决理论中工具和方法丰富，但目前已被用于服务质量改进的却不多，因此缺乏足够的案例参考
六西格玛	六西格玛质量管理体系以数据和事实为依据，以满足和超越客户需求为主旨，通过对生产和服务流程的持续改进，实现提高效率和缩减成本的目标，其灵活的运作思路和工具使用，尤其适用于服务领域的质量管理和改进（郭静，2015）	用户导向，数据驱动，全员参与，持续改进和追求卓越，它从流程的角度看待和改进质量，以用户为导向，以效益为中心，在企业内推行全过程管理（杨丽娟，2010）	流程化的思想，重点关注过程质量。目前将六西格玛用于服务质量改进的案例还不多，实施过程中对数据和人才的依赖性很大

2.3.4 选择 QFD 的依据

目前国内关于电子政务服务质量改进的文献较少，存在的文献中大多是在现状分析的基础上提出对策建议，因此定性研究较多。在定量研究中几乎都是从电子政务服务质量评估的视角出发，针对评估结果中处于劣势的部分提出改进意见。准确把握用户需求是政府网站服务优化的关键，这已成为学术界的共识，在识别用户需求方面提出了很多的思路和方法，也提出了不少建议，但国内很少有文章用定量的方法解释用户需求与改进建议之间的关系。从上面的方法对比中可以看出，只有QFD能够满足以用户需求为导向并结合定量方法进行服务质量优化研究，并且该方法在服务质量优化领域已有大量成功的案例。基于此，本书在充分了解公众需求的前提下，基于QFD构建电子政务在线服务质量优化模型，根据用户需求设计服务要素并提出改进策略。

2.4 顾客需求与模糊粗糙集理论

2.4.1 QFD

QFD起源于日本的造船业，它既是一种系统化的技术方法，也是一种体系化的管理方法。以市场为导向，以顾客需求为依据，是QFD最大的特征和优势。它采用多层次演绎分析方式，将顾客需求转换成产品/服务设计、生产/经营计划等阶段具体的技术要求或者措施。简单来说，QFD就是一套将顾客对产品或服务质量的需求［即客户之声（Voice Of Customer，VOC）］层层展开为各部门、各环节工作要素的方法体系。质量屋（House of Quality，HOQ）是QFD实施展开的核心工具，也被称为质量表，其核心作用是将顾客的需求转换成产品或者服务的质量要素，以获得更大的顾客满意度，质量屋的结构如图2-5所示（车阿大等，2008）。

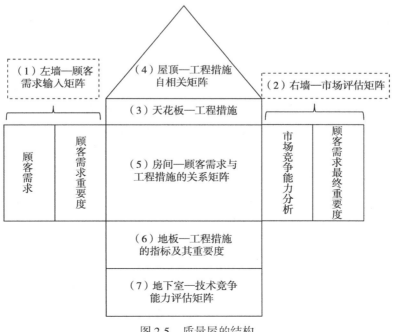

图2-5 质量屋的结构

（1）左墙—顾客需求输入矩阵　它主要包括顾客需求及顾客需求重要度。作为质量屋的输入，其准确性与可靠性将决定 QFD 的有效性，因此是 QFD 展开过程中极为重要的一步。顾客需求的收集方法主要有问卷调查法、访谈法等，然后通过亲和图、树状图等方法对收集到的原始顾客需求进行分类整理，确定最终的顾客需求。顾客需求的权重（即重要度）代表了该项需求的重要程度，权重越大，重要性越高，需求重要度的获取也可采用问卷调查法和五级量表等量化方法。

（2）右墙—市场评估矩阵　它包括市场竞争能力分析和顾客需求最终重要度。市场竞争能力分析是指从满足顾客各项需求的角度出发，将本企业提供的产品或服务与竞争对手拥有的同类型产品或服务进行比较分析，主要用于反映本企业产品或者服务的优势与劣势，从而更加有针对性地实施改进。结合市场竞争分析的结果对最初的顾客需求重要度进行修正，从而获得顾客需求最终重要度。

（3）天花板—工程措施　它是为实现顾客需求，在企业层面需提供的工程措施或技术，即技术需求。该部分主要由企业内部相关人员组合成的质量改善小组结合顾客需求和专业知识来确定能够满足各项顾客需求的工程措施。

（4）屋顶—工程措施自相关矩阵　它是一个三角形矩阵，用来表示各项工程措施之间的关联关系，主要有正相关、不相关和负相关三种关系，一般分别用〇、空白、×表示。在确定工程措施的提高率时，不能片面地提高重要度高的工程措施，还需考虑各项工程措施之间相互影响的关系。

（5）房间—顾客需求与工程措施的关系矩阵　它一般用分数值表示顾客需求与工程措施之间的关联程度。分数越高，代表顾客需求与工程措施之间的关联度越强。

（6）地板—工程措施的指标及其重要度　指标是指各项工程措施需要达到的具体参数。工程措施的重要度由顾客需求最终重要度及顾客需求和工程措施之间的关联度计算得出，用于寻找关键措施，集中资源优化改进。

（7）地下室—技术竞争能力评估矩阵　它主要是从技术角度出发，将本企业实施工程措施的技术水平与同类企业的同种技术进行对比分析，从而分析本企业技术水平的优势与劣势，找出能够影响质量的关键要素，在做决策的时候，除需考虑技术需求的重要度之外，还需综合考虑该项技术实施的成本、难易程度等相关因素。

完整的质量屋包括左墙、右墙、天花板、屋顶、房间、地板、地下室七个部分，构建质量屋也是从这七个部分入手，在实际的运用过程中，不同研究对象的质量屋将会略有差异。QFD 通过质量屋以二维表的形式并结合定性和定量的方法，展示了顾客需求、技术需求、质量要素等之间的关系，体现了 QFD 质量优化模型的构建。

2.4.2　KANO 模型

（1）KANO 模型　受赫茨伯格双因素理论的启发，Kano 等（1984）认为顾客需求被实现与顾客满意和不满意之间并不全是线性关系，根据顾客需求与满意度之间的关系，可将顾客需求分为不同的种类，这些不同种类的需求得到实现时会让顾客产生满意到不满意之间不同程度的感受，据此提出了 KANO 模型，如图 2-6 所示。顾客对产品的需求可分为基本需求、期望需求和兴奋需求，后又根据不同类型的质量特性和顾客满意之间的关系，提出了逆向需求和无差异需求。KANO 模型颠覆了"满意度以一维的方式被顾客感知"的传统说法，认为应采用二维模式：顾客的主观感受与产品或服务的客观表现，进而获取顾客满意与产品/服务绩效之间的非线性关系，有助于更加精确地理解顾客需求。

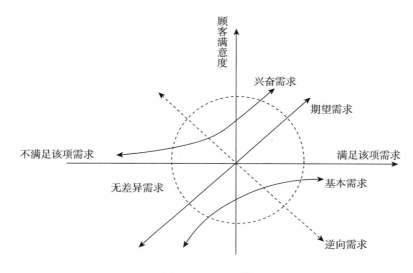

图 2-6 KANO 模型

1）兴奋需求。兴奋需求是指具有能让顾客感到惊喜和意想不到特性的需求。当这些需求得到满足的时候，顾客会感到非常满意，即使没有得到满足也不会对满意度造成明显的影响。兴奋需求是顾客从未期望过和表达过的，往往能出其不意地让顾客得到极大的满足感。

2）期望需求。当这些需求得到满足的时候，顾客会感到满意，反之就会感到不满。客户满意与产品/服务的客观表现之间是一维线性关系，因此也称一维需求，即产品/服务表现得越好，期望需求实现的程度越高，顾客越满意。

3）基本需求。当这些需求得到满足的时候，顾客会觉得理所应当，一但得不到满足，则会非常不满意。顾客认为这些需求是一个产品/服务必须提供的基本服务，不用顾客提出企业也应该明白这些需求是产品/服务的基础设计。

4）无差异需求。这些需求无论实现与否都不会影响顾客的满意度，即顾客根本不在乎也不感兴趣的需求。

5）逆向需求。这些需求一旦实现反而会使顾客满意度降低，并不是所有的顾客都喜欢和需要这些需求（Yu-cheng Lee，Jih-kuang Chen，2009）。

（2）KANO 模型的应用 KANO 模型在分析顾客需求和质量要素分类方面具有很大的优势。首先，它强调了企业与顾客的双向沟通，能够帮助企业了解不同层次的顾客需求，识别决定顾客满意度的关键因素；其次，KANO 模型利用一套结构性方法，有效地获取了顾客对产品/服务的真实态度；最后，KANO 模型通过魅力质量要素能够帮助企业更好地分析顾客需求，通过 KANO 问卷和评价表对质量属性进行合理分类。它是一套对顾客需求进行分类的方法，一般是满意度评价工作前期的辅助性工具，其目的是通过区别顾客需求来帮助企业找到提升顾客满意度的切入点。

2.4.3 模糊粗糙集理论

模糊粗糙集理论（Fuzzy Rough Set）是模糊理论和粗糙集理论的结合，是一种可有效处理模糊的和不确定知识的数学工具。传统非常精确的数量方法，已经无法有效地解决以人为中心的问题及较为复杂的问题，所以必须以模糊的逻辑观念来描述现实生活中的事物，弥补传统集合以二值逻辑来描述事物的缺点。模糊理论是以隶属函数的概念来表达近似人类自然语言所经常使用的形容词程度问题及各种生活上所遇到的不明确或含糊的等不确定性问题的解决方法。

模糊粗糙集定义：设 (U, R) 是 Pawlak 近似区间，即 R 是论域 U 上的一个等价关系。若 A 是 U 上的一个模糊集合，$A = \{C_1, C_2, \cdots, C_n\}$，则 A 关于 (U, R) 的一对下近似 $\underline{A}_R$ 和上近似 $\overline{A}_R$ 定义为 U 上的一对模糊区间边界，其隶属函数为

$$\underline{A}_R(C_i) = \{Y \in U/A(Y) \leq C_i\}$$
$$\overline{A}_R(C_i) = \{Y \in U/A(Y) \leq C_i\}(C_i \in A, 1 \leq i \leq n) \tag{2-1}$$

则 C_i 的上下限定义为 $[\mathrm{LL}(C_i), \mathrm{UL}(C_i)]$。若 $\mathrm{LL}(C_i) \neq \mathrm{UL}(C_i)$，则称 A 是模糊粗糙集。

$$\mathrm{LL}(C_i) = \frac{1}{n_L} \sum A(Y) \mid_y \in \underline{A}_R,$$
$$\mathrm{UL}(C_i) = \frac{1}{n_U} \sum A(Y) \mid_y \in \overline{A}_R \tag{2-2}$$

式中，n_L、n_U 分别为模糊集合 $\underline{A}_R$、$\overline{A}_R$ 中的元素个数。

注：设定模糊集合 $U = \{\mathrm{VL, L, ML, M, MH, H, VH}\}$ 是一系列服务指标的评价结果。其中，VL = 非常差，L = 差，ML = 较差，M = 一般，MH = 较好，H = 好，VH = 非常好。VL※（0，1，1），L※（0，1，3），ML※（1，3，5），M※（3，5，7），MH※（5，7，9），H※（7，9，10），VH※（9，10，10）。

2.4.4 模糊粗糙集理论与 QFD 相结合

对用户来说，质量就是"适用性"，而不是规格符合性，最终用户很少知道规格到底是什么，用户对质量的评价总是以到手的产品是否适用且其适用性是否持久为基础的。

QFD 把用户和市场的需求列于首位，就无法忽视"适用性质量"问题，因为"适用性质量"是一种"以用户感觉"为主体的质量观，从而也就无法回避作为"适用性质量问题"的核心的某种"不确定性"问题，传统的 QFD 方法由于思维观念属于普通集合，当然也会有意无意地把本来具有明显模糊属性的对象加以清晰化、简单化处理，这种处理结果必然丧失来自用户需求的丰富信息。而模糊 QFD 是应用模糊集合论与 QFD 方法的一种

崭新尝试，它以质量评判标准及用户评判心理活动的模糊属性为基本出发点。

在理论与方法上，传统的 QFD 方法基于其展开框架（质量屋），在确定用户要求的权重时，采用离散的顺序标度（1-5 标度）；在量化关系矩阵中用户要求与技术要求之间弱、中、强关系程度时采用另外不同的离散标度（1-3-9 标度），进而在确定技术要求的权重时采用加权和法，导致结果不精确，判断的一致性差。现实中 QFD 各种输入矩阵隐含了用户主观意识的多变性，用离散标度难以准确估量，因此需要借助模糊逻辑将含糊不清的概念转换成数值语意，改进数据的精确性。目前，Fuzzy-QFD 已经在国外使用并取得一定的进步，Sohn 和 Choi 将 Fuzzy-QFD 模型应用于将用户要求转变为可靠的产品设计；Erol 和 Ferrell 将 Fuzzy-QFD 模型应用于决策选择中，该方法有效地将定性数据转化为定量参数，并与其他定量参数一起参与运算。其中，质量屋的构建是电子政务服务质量研究中的重要内容。

第3章 电子政务服务质量分析的内容与途径

虽然政府的门户网站、微信公众号和 App 并不等于电子政务，但是目前电子政务的主要方式是政府网站、微信公众号和 App。因此，本书主要通过对这些政府服务平台的调研与问卷调查方法，对政府网站、微信公众号和 App 的服务质量现状进行分析。

3.1 电子政务服务质量需求调查

3.1.1 政府网站调研

本书研究的是政府电子政务服务的主要对象——普通居民和企业（简称公众），调查和分析他们对政府网站、微信公众号和 App 等平台的服务质量需求。我们选择四川省各地市县级政府网站为调查对象。政府电子政务是最基本的电子政务形式之一，选择的城市应当能够比较充分反映四川省的经济、政治和文化等地区状况。因此，我们主要选择城市人民政府主办的面向公众的综合性政府电子政务网站，包括成都市、自贡市、攀枝花市、泸州市、德阳市、绵阳市、广元市、遂宁市、内江市、乐山市、南充市、宜宾市、达州市、眉山市、雅安市、巴中市、资阳市、广安市等。本书通过参考国内外电子政务和政府电子政务评测指标体系与评测方法，收集、整理四川省城市政府电子政务建设和运行的基本情况与数据，并进行分析，通过对政府电子政务信息服务能力、在线服务能力、公众参与度和网站设计等指标的评价，对四川省地方电子政务的发展水平和发展现状做出基本判断。通过设置调查栏目对四川省县级政府网站的在线信息服务能力进行调查，并以分值的形式表现各网站在线信息服务的水平，以直观地了解四川省县级政府网站在线信息服务质量的现状和全貌。主要从用户需要的服务内容、获取服务的渠道需求、服务的质量需求三个方面来了解公民的需求。

1. 调查对象和样本

调查目的是了解公众对电子政务服务质量的需求，选取了四川省区域内部分公民作为调查对象,由于涉及的人员地域分布较广,因此主要采用线上发放问卷方式。此次抽样调查的样本年龄分布与样本职业分布如图 3-1 和图 3-2 所示。

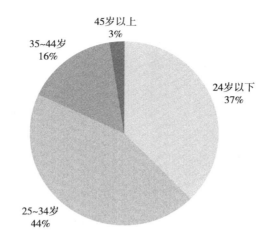

图 3-1　样本年龄分布

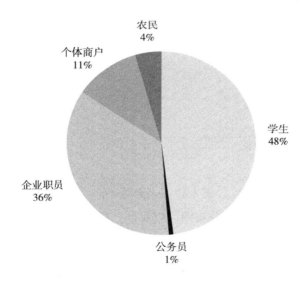

图 3-2　样本职业分布

问卷的样本容量大,但由于网络的不可控因素,导致样本的年龄与职业分布不均,此次的问卷内容并未涉及具体的职业或者年龄方面的问题,所以对结论无影响。样本中学生与企业职员较多,其总和占样本总体的 84%,说明学生与工薪阶级对电子政务的服务更加关切,也说明了他们面临的问题更多、更急切。今后若研究如何进一步提高电子政务的服务质量,可将这两类人群作为重点调查对象,将极大地提高政府网站的实用性及用户的满意度。

此外,问卷显示目前使用电子政务频繁的公民占比极少,而大部分主要是访问国家级和省级的政府网站,市县级政府网站的实用性还有待加强。具体的问卷结果如图 3-3 和图 3-4 所示。

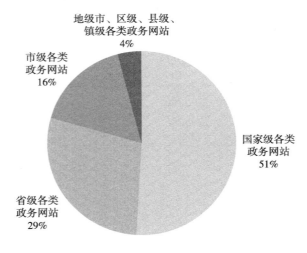

图 3-3　访问网站类型分布

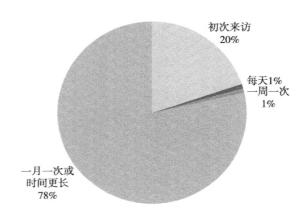

图 3-4　访问频率分布

从访问网站类型及访问频率的分布图可以看到，样本中有 51% 的人访问过国家级各类政务网站，29% 的人访问过省级各类政务网站，4% 和 16% 的人访问过省级以下各类政务网站，78% 的公民访问的频率在一月一次或者时间更长，初次来访的占 20%，每天和一周一次来访的却仅有 2%。

2. 服务内容

用户对信息更新频率需求、信息公开内容需求、在线服务需求如图 3-5～图 3-7 所示。

由图 3-5 可以看出，45% 的用户要求网站的信息更新能力能够达到及时更新，19% 的用户认为网站的信息需每小时更新一次，35% 的用户认为每天更新即可，1% 的用户赞同三天更新一次，没有用户支持一周更新一次。

信息公开内容需求，在设置问卷选项时，用户最多只能选四项，但基本可以看出每一点都是有需求的，需求比例几乎都在 40% 以上，排在前四位的为：①内容齐全化，涉及民生的各个方面，需求比重为 84.53%。②内容个性化，对用户更有针对性，需求比重为

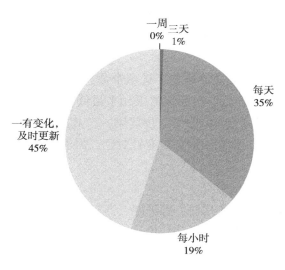

图 3-5　信息更新频率需求

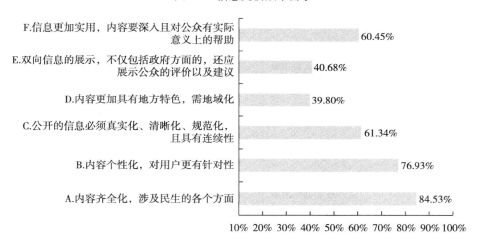

图 3-6　信息公开内容需求

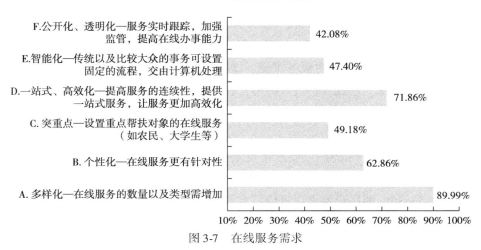

图 3-7　在线服务需求

76.93%。③公开的信息必须真实化、清晰化、规范化，且具有连续性，需求比重为 61.34%。④信息更加实用，内容要深入且对公众有实际意义上的帮助，需求比重为 60.45%。

在线服务需求在问卷的设置中也限定了选项个数，最多选择四个，每一项的需求比重都在 40% 以上。在线服务公开化、透明化需求比重最低，为 42.08%；多样化，即在线服务的数量及类型需增加，比重为 89.99%，位居第一；其次是一站式、高效化，需求比重为 71.86%；再次是个性化，即在线服务更有针对性，需求比重为 62.86%。

结论如下：
1) 信息更新需更快、更及时。
2) 信息公开的内容需具有实用性、有深度、真实性、个性化、齐全化。
3) 在线服务需多样化、个性化、公开化、提供一站式的服务。

3. 服务渠道

用户对服务渠道的限制要求、最喜爱的服务渠道及服务渠道的质量要求如图 3-8 ~ 图 3-10 所示。

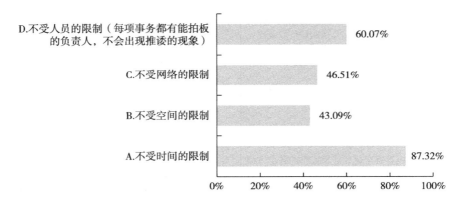

图 3-8　服务渠道的限制要求

由图 3-8 可知，87.32% 的用户都需要服务渠道能够不受时间的限制，还有 60.07% 的用户要求渠道能够不受人员的限制，每一件事情都能找到对应的负责人，不会出现推诿的现象。

由图 3-9 可知，用户最喜爱的服务渠道：①网站（信箱，留言板），占比 23%；②微信，占比 18%；③微博，占比 17%；④QQ，占比 16%；⑤政务呼叫中心，占比 15%；⑥面对面交流，占比 11%。各渠道之间占比的差异并不大，因此可以多渠道同时进行，更好地方便民众。

由图 3-10 可知，85.30% 的用户要求渠道划分要细致、明确，不可出现责任不明的现象，导致公民找不到负责人，事情得不到解决。54.37% 的用户要求服务渠道应具有高效的事务处理能力。53.36% 的用户要求渠道应具有双向沟通的效果，这样用户才能时刻了解事务的进展，以及随时向政府相关部门提供意见与建议。43.73% 的用户认为服务渠道应时刻畅通，要有专人维护。31.43% 的用户要求政府方面定时反馈事务进展。

第 3 章　电子政务服务质量分析的内容与途径

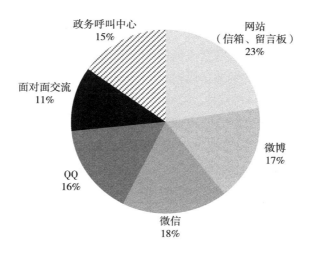

图 3-9　用户最喜爱的服务渠道

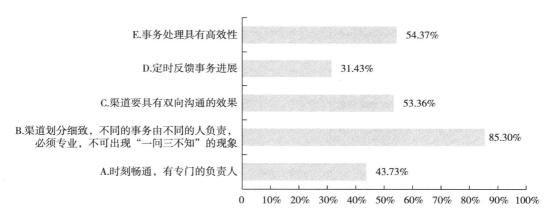

图 3-10　服务渠道的质量要求

结论如下：

1）用户希望接受服务的渠道能够突破时间、空间的限制，摆脱网络的限制。

2）用户最喜爱的服务渠道排名前三的是网站、微信、微博，可以看出接受服务的平台正在从 PC 端向移动端转移。

3）渠道的高效性、责任性、交互性、畅通性都是用户的需求，相应的维护技术不可或缺。

4. 服务质量

用户对电子政务网站服务质量的要求及网站未来发展的要求如图 3-11 和图 3-12 所示。

由图 3-11 可知，个性化、人文化需求比重为 59.70%，位居第一。实用化、生活化需求比重为 53.10%，位居第二。透明度高及办事能力强需求比重分别为 47.91% 和 47.02%。高效、及时的需求比重为 41.44%。剩下的选项（交互性强，监管反馈，方便，安全）需求比重都在 30% 以上。

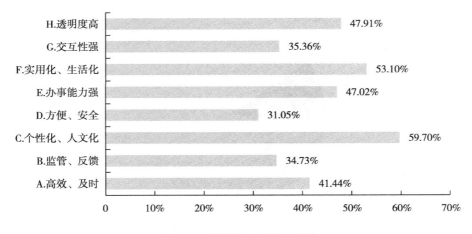

图 3-11 网站服务质量的要求

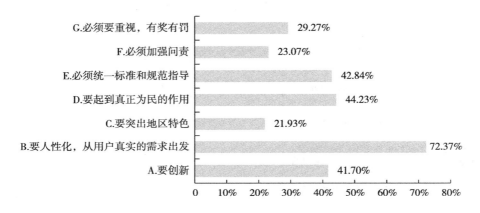

图 3-12 网站未来发展的要求

图 3-12 是用户对电子政务网站未来发展的要求。其中，要求电子政务网站后期能够更加人性化，从用户真实的需求出发高达 72.37%；44.23% 的用户希望未来的电子政务网站能够以用户为中心，起到真正为民的作用；42.84% 的用户希望电子政务网站之间能够统一标准，进行规范指导。

结论如下：

1）服务质量需要人文化、透明化、实用化，办事能力强。

2）电子政务网站未来的发展需向服务型网站转变，要有创新，从用户的实际出发。

3.1.2 调查评述

根据网站调研及问卷调查的结果，结合其他现有的研究成果，得出现有政府门户网站存在三个方面的问题：一是信息公开与在线服务的内容空、不充实；二是公众参与度低，对用户的吸引力不够，实用性有待加强；三是需充分了解和体现用户的实际需求，尽快向服务型、个性化网站转型。

1. 电子政务服务质量的需求特征

（1）完整性　信息公开的内容、在线服务的内容，应能够涉及用户生活的方方面面，需齐全。处理事务的相关政策、法规及应急方案、相关责任人，需齐全。只要是用户能够获得的渠道，都应具有服务功能，服务渠道需齐全。

（2）人文性　服务的内容、信息的内容、处理事务的效率及服务的质量，都应以公民满意为目的。充分了解用户需求，随时对用户反馈的不合理现象做调整。提供一站式服务，缩短用户接受服务的时间，提高办事效率。增强网站的交互性，能够随时为用户提供服务。用户根据实际需要能够选择自己所关注的信息。

（3）高效性　引入高科技，提高网站的运作能力，引入更多的智能化工具，较少人工参与，提供处理事务的效率及网站响应的时间。根据用户的身份与年龄识别需求，主动推送相关信息。

（4）实用性　从用户的需求出发，加强宣传，让公众明白和感受到电子政务给我们生活带来的合理性，提高公众的参与度，不断改进，使网站更加实用。

（5）可靠性　公民提出的问题能够得到解决，且不会对公民有任何安全方面的影响，可靠、准确地履行应当承担的责任与义务，包括信息的准时传达、服务的及时反馈等。

2. 影响电子政务服务质量的关键能力因素

（1）整合、协调能力　信息的完整传递与表达、处理事务时各部门之间的合作和协调能力，资源的合理分配能力。

（2）办事能力　处理事务的快慢，责任制是否明确。

（3）过程管理能力　过程控制能力，时刻监督事务进展。

（4）创新能力　能够不断地探寻和获取用户的需求，改进自身的服务水平。

（5）运作能力　强大的后台处理能力、高效的运作团队和快速响应的能力。

3.2　电子政务公共服务内容与层次

3.2.1　电子政务公共服务内容

根据电子政务公共服务对象的界定，电子政务公共服务的内容就是政府在电子政务G2C和G2B两种模式中为公众提供的服务。

1. G2C模式中公共服务内容

（1）教育培训服务　建立全国性的教育平台，并资助所有的学校和图书馆接入互联网和政府教育平台；政府出资购买教育资源并对学校和学生提供；重点加强对信息技术能力的教育和培训，以适应信息时代的挑战。

（2）就业服务　通过电话、互联网或其他媒体向公民提供工作机会和就业培训，促进就业。例如，开设网上人才市场或劳动市场，提供与就业有关的工作职位缺口数据库和求职数据库信息；在就业管理和劳动部门所在地或其他公共场所建立网站入口，为没有计算机的公民提供接入互联网寻找工作职位的机会；为求职者提供网上就业培训，就业形势分析，指导就业方向。

（3）电子医疗服务　通过政府网站提供医疗保险政策信息、医药信息、执业医生信息，为公民提供全面的医疗服务，公民可通过网络查询自己的医疗保险个人账户余额和当地公共医疗账户的情况；查询国家新审批的药品的成分、功效、试验数据、使用方法及其他详细数据，提高自我保健的能力；查询当地医院的级别和执业医生的资格情况，选择合适的医生和医院。

（4）社会保险网络服务　通过电子网络建立覆盖地区甚至国家的社会保险网络，使公民通过网络及时全面地了解自己的养老、失业、工伤、医疗等社会保险账户的明细情况，有利于加深社会保障体系的建立和普及；通过网络公布最低收入家庭补助，增加透明度；还可以通过网络直接办理有关的社会保险理赔手续。

（5）公民信息服务　使公民得以方便、容易、费用低廉地接入法律法规、规章政策数据库；通过网络提供被选举人背景资料，促进公民对被选举人的了解；通过在线评论和意见反馈了解公民对政府工作的意见，改进政府工作。

（6）交通管理服务　通过建立电子交通网站提供对交通工具和司机的服务。

（7）公民电子税务　允许公民个人通过电子报税系统申报个人所得税、财产税等个人税务。

（8）电子证件服务　允许公民通过网络办理结婚证、离婚证、出生证、死亡证明等有关证书。

2. G2B 模式中公共服务内容

（1）电子采购与招标　通过网络公布政府采购与招标信息，为企业特别是中小企业参与政府采购提供必要的帮助，向他们提供政府采购的有关政策和程序，使政府采购成为"阳光下的工程"，避免暗箱操作，降低企业的交易成本，节约政府采购支出。

（2）电子税务　通过政府税务网络系统，公众可以在家里或办公室就能完成税务登记、税务申报、税款划拨、查询税收公报、了解税收政策等业务，既方便了企业，也减少了政府的开支。

（3）电子证照办理　让企业通过因特网申请办理各种证件和执照，缩短办证周期，减轻企业负担，如企业营业执照的申请、受理、审核、发放、年检、登记项目变更、核销，统计证、土地和房产证、建筑许可证、环境评估报告等证件、执照和审批事项的办理。

（4）信息咨询服务　政府将拥有的各种数据库信息对企业开放，方便企业利用，如法律法规、规章政策数据库，政府经济白皮书，国际贸易统计资料等信息。

（5）中小企业电子服务　政府利用宏观管理优势和集合优势，为提高中小企业国际竞争力和知名度提供各种帮助，包括为中小企业提供统一政府网站入口，帮助中小企业同电子商务供应商争取有利的能够负担的电子商务应用解决方案等。

3.2.2 电子政务公共服务层次

根据政府与公众的不同交互状态,电子政务公共服务一般可分为基本信息服务、信息交流和事务处理三个层次。

(1) 基本信息服务　基本信息服务是指单向的、常规的政府信息提供,也包括日常的 Q&A 答复,即政府直接通过网站等途径向公众提供单向的、非接触式的政府信息服务,如通过政府网站提供政策、法律、法规条文,政府各职能部门的联系方式、具体分工、办事程序等。基本信息服务是电子政务公共服务最基础、最容易实现的层次。

(2) 信息交流　信息交流又称沟通服务,是指政府与公众的动态交流,即政府利用互联网的交互功能实现政府与公众的双向交流,如公民投诉、紧急支援、网上会议等,通过电子邮件获取服务请求并返回结果,以及政府通过网络收集社会民众对某项具体决策的意见、建议等。

(3) 事务处理　事务处理是电子政务公共服务的主要形式,是指用网络技术实现的传统的公共服务,即政府作为服务的提供者或交易的直接参与人/监督方,提供相应的电子化服务,主要包括税收缴纳、社会福利发放(失业福利、医疗费用、家庭补贴、学生补助金等)、个人文件办理(护照、驾照等)、个人身份识别(出生、婚姻等)及许可证发放等方面。

3.3　提高电子政务服务能力和质量的思路及措施

电子政务服务质量改进以提升网站服务能力和服务质量为出发点,一是要整合信息资源,提高政务信息资源的开发利用水平。二是要提高办事指南的规范程度,为公众获取公共服务提供有效帮助。要求各级围绕政务服务工作和社会热点需求策划专题内容,宣传党和国家的方针政策,深入群众生活并为之排忧解难。三是不断扩大政府的公共服务,面向公众提供公共教育、医疗卫生、劳动就业、社会保障、居民住房、交通出行等方面的服务,不断提高政府在促进生产、增加公民收入、推动经济发展等方面的服务水平,并以规范市场经济秩序为重要目标,不断增强政府在产品质量保障、整治农村市场、社会信用体系建设等诸多方面的监管和服务能力。

3.3.1 提升在线办事服务能力的思路

(1) 提高服务平台的人性化程度　为了充分体现政府网站和政务微信公众号"以人为本"的服务理念,其评估指标体系有利于政府提高服务平台能力。一是需要政府网站和政务微信公众号要细分用户对象,按照对象对服务内容进行分类,便于用户获取资源;二是要求政府网站和政务微信公众号围绕办事流程梳理和整合办事资源,提高一体化的服务;三是要求政府网站贴近用户需求,按照用户的使用习惯设计网站导航模式。

（2）引导政府网站服务框架的建设　评估指标体系以提高资源利用率和服务水平为出发点，引导各政府网站和政务微信公众号建立健全完善的网站服务框架。一是要求各级政府网站按照用户生命周期设计服务主题，并结合服务深度整合相关资源；二是要求设立网站服务的快速通道，为特殊用户提供更为便捷有效的服务。

（3）持续提升政府网站服务丰富度　在完善政府网站和政务微信公众号服务功能的同时，不断丰富服务内容、拓宽服务范围。该评估指标体系需要政府网站进一步规范服务内容，为用户提供更加全面的服务。不断丰富公共信息服务的内容和方式，例如提供公共服务的表格下载、在线咨询、查询和申报咨询等。

（4）着力提升政府网站的服务能力　以切实提高政府网站和App服务能力为出发点，该政府网站绩效评估指标体系要求网站提供与百姓生活密切相关的便民服务，并加强网站宣传，拉近公众与网站的距离，以便政府网站更好地服务社会公众。

3.3.2　提高政府与公众互动水平的措施

（1）重点引导信箱类渠道建设　提高政府网站绩效，需要满足政府与公众交流互动的主要需求，通过增加信箱类渠道的评估权重，重点引导信箱类渠道的建设。要求各级政府网站建立完善的信箱渠道，落实信件管理机制，提高信件答复质量，切实保障反馈内容能够满足公众需求。

（2）不断提升访谈效果　提升访谈效果，需要各级政府网站加强访谈主题的策划力度，提高公众参与的主动性和积极性，扩大网站访谈的影响力。同时，倡导各级政府网站建立有效的访谈工作机制，克服场地、人员、技术等方面的问题，做好访谈组织工作。

（3）拓宽调查覆盖范围　要充分利用政府网站用户范围广的优势，围绕政务工作做好调查主题的策划，丰富网站调查范围和内涵，引导公众参与公共管理和公共决策，避免仅仅就网站建设开展调查。

（4）落实论坛的管理维护责任　提高论坛的交流效果，必须建立完善的保障制度，落实管理维护责任。该政府网站绩效评估指标体系指出，各级政府网站应以建立开放式的交流空间为宗旨，加强对论坛内容和功能的管理维护责任，尤其要加强对论坛的舆论引导，营造团结、和谐的交流氛围。

3.3.3　提高政府网站和政务微信公众号性能的思路

政府网站和政务微信公众号设计性能是服务能力的重要保障。无论信息发布、在线办事还是公众参与等服务功能的实现，都需要政府网站提供完善的信息交互和辅助功能，以帮助用户便捷地获取信息和服务。国办函〔2011〕40号文件指出："各地区、各部门要对本地区、本部门政府网站进行全面检查，重点检查以下内容：一是网站页面能否正常访问，各栏目及其子栏目内容是否及时更新；二是信息发布审核和保密审查机制是否健全；三是网站提供的各项服务和互动功能是否正常；四是网站链接是否经过管理单位审核把关，是否存在错链和断链；五是网站安全防范工作是否到位，是否采取了防攻击、防篡改、防病毒等安全防护措施,并制订了应急处置预案;六是网站管理单位和运行维护单位职责是否明确。对检查清理中发现的问题要及时整改,确保上网信息准确、真实,不发生失泄密问题,确保公众能够及时获取政府信息、获得便利的在线服务,确保链接正确有效、网站安全平稳运行。对确实无力管好的网站或栏目,要果断予以关闭。各地区、各部门要对政府网站管理工作开展经常性的督促检查,并使之制度化、常态化,及时发现并妥善解决存在的问题。"因此,网站和政务微信的设计与性能,应关注网站安全、信息更新、网站功能实现,以及网站的运行维护等。

3.4 电子政务服务质量测评实现的途径

在公众满意数据的收集阶段,传统的政府公共部门公众满意数据收集的方法已经不适合电子政务所拥有的网络优势。需要建立基于 Web 的电子政务公众满意数据收集的体系。在公众满意数据处理阶段,为了保证数据的有效性,对问卷的信度和效度进行分析。针对网络调查中存在的数据缺失问题,应根据电子政务公众满意数据的特点,采用多重插补方法进行处理(张军等,2020;刘佳星等,2021)。

3.4.1 传统的政府公共部门公众满意数据收集的方法

传统的政府公共部门进行公众满意或者其他民意调查时,数据收集的方法主要有电话调查法、面访问卷调查法、邮寄调查法和设立举报投诉服务等。

(1)电话调查法　电话调查法是由调查人员通过电话向被调查者询问、了解有关问题的一种调查方法。该方法普遍应用于政府民意征集和公共部门满意度调查等领域,也是企业进行顾客满意度调查时经常使用的方法。电话调查法具有覆盖面广、节省调查时间和经费、取得信息资料的速度快、回答率高等优点,但也存在以下不足之处:

1)被调查者的电话号码难以获取。被调查者应该是最近接受过政府或者公共部门提供服务的公众,他们的覆盖面很广。如果在经济不发达、通信条件比较落后的国家或地区开展调查,要获取全面的公众电话号码是一个问题,也就很难获得相关的满意数据。

2)问题含义的表达难以解释。通过电话调查获得公众对相关问题的意见时,如果问题较为专业,调查者又很难通过电话解释清楚,被调查者可能因不了解调查的详尽、确切的意图而无法回答或无法正确回答问题。

3)投入的费用较多。这里的投入既包括访问工作人员的投入,又包括电话费用的投入。

(2)面访问卷调查法　面访问卷调查法是一种通过与被调查者面对面的访谈、填写问卷而获得资料的方法。该方法是政府收集民意时常用的方法。目前大多数企业也采用这种方法来收集顾客满意信息。面访问卷调查法具有以下优点:问卷的格式和指标体现规范,计算方便;面访问卷调查直接面对公众,可以直接获取公众信息。但是,面访问卷调查法存在以下不足：

1）调查费用较高。面访问卷调查法存在调查的频率和费用之间的矛盾。政府机关为了及时获得公众的意见要增加问卷调查的频率，这样就带来了调查人力、经费的增多。反之，如果政府节省了这些费用，就可能不能及时地获得公众的信息。

2）调查范围不够全面。一般来说，政府或者公共部门采用该方法进行调查时，只能对有限范围内的公众信息进行问卷调查，不可能获取所有公众的满意信息。此外，由于公众的地域差异、人文差异等因素，可能会对政府最终的评价及评价后的决策分析带来偏差。

（3）邮寄调查法　邮寄调查法是将调查问卷寄给被调查者，由被调查者根据调查问卷的填表要求填好后寄回的一种调查方法。邮寄调查法在我国应用尚少，比较常见的形式是某个企业或调查机构委托媒体发布有关调查问卷，要求人们回答并将答案邮寄到某一指定机构。邮寄调查法的优点是可以扩大调查区域，增加更多的调查样本数目，可增加提问内容，信息含量大，调查成本较低，被调查者有较充分的时间填写问卷，无须对调查人员进行专门的培训和管理。但是，邮寄调查法也具有回收率偏低、信息反馈时间长、无法评价其回答的可靠程度、对文化程度较低者不适用的缺点。

（4）设立举报投诉服务　设立举报投诉服务主要是方便公众为政府提出意见和建议而设立的服务，可以是面对面的形式，也可以是电话服务的形式。通过这种方法可以直接得到公众对政府哪一方面不满的信息，是一种实时有效的方式。但是，这种数据收集的方法针对性不强，不能获得全面的公众信息。

3.4.2　基于 Web 的电子政务公众满意数据收集的方法

电子政务与传统政务进行公众满意度测评的主要区别还体现在公众满意信息来源的渠道上。电子政务的公共服务系统是通过其门户网站的形式来实现的，即在互联网的环境下，把各种应用系统、数据资源和互联网资源统一集成到通用门户之下，为公众提供信息和服务。电子政务可以依据自身的网络优势为政府提供更为直接、更为方便的信息获取方式。近年来，由于网络的蓬勃发展，以及数据采集技术和数据管理技术的日臻完善，许多基于网络的信息收集方法得到了广泛应用，其中最具代表性的是联机分析处理技术中的数据收集技术和基于 Web 的信息收集技术。国外从 20 世纪 90 年代中后期，开始在互联网和数据仓库及数据挖掘技术的基础上进行自动化的顾客信息联机处理。例如，1997 年开始出现的基于 Web 的联机分析处理（WOLAP），使企业对顾客的消费心理、消费习惯和消费需求信息可以迅速收集整理，大大提高了企业的竞争能力。

1. 电子问卷

评价对象是电子政务门户网站，在收集公众满意数据时可以在政府门户网站的主页上增加一个链接。电子问卷调查的实现方式有两种：网站（页）问卷调查（Web-Survey）和弹出式调查（Pop-Up）。

（1）网站（页）问卷调查　将设计好的电子问卷放在政府门户网站的某个网页上，问卷一般都设计得比较吸引人，而且易于回答。公众可以根据自己的情况，决定是否参与调查。如果研究者能得到目标群体的名单（以及他们的电子邮箱），就可以给调查对象发出一份电子邮件，解释该调查的性质并邀请他们参加。邮件中有调查问卷的超级链接，只要单击该链接，浏览器就会打开并显示出问卷的第一页。调查的结果自动进入数据库，便于快速处理。

（2）弹出式调查　当公众在访问电子政务门户网站的过程中，可能会遇到弹出来一个窗口，请公众参与一项调查；如果公众有兴趣参与，单击该窗口中的"是"，则会出现有一份电子问卷的新窗口，完成网上问卷后即可以在线提交。如果网站安装了抽取被访者的软件，可按照一定的方法（例如等距、随机或一定比例）自动地抽取被访者。这种调查类似于传统调查中的街头或商场的拦截式调查。由于"拦截"根据的是"访问"而不是"访问者"，因此经常访问者被拦截抽中的可能性要大于偶尔访问者。这种调查适用于了解公众使用门户网站情况的调查，因为这种方式可以更好地体现经常使用政府门户网站的公众的满意程度。

电子问卷的调查方法与传统政府使用的调查方法相比，具有以下优点：

1) 时间短。这种调查方式可以在政府门户网站实时进行，大大节约了传统调查方式中数据的记录、整理和输入时间。公众回答问卷的信息经过软件的初步处理后，可以马上看到阶段性的调查结果。

2) 费用低。在电子政务门户网站公众满意度调查中，只需要一台能上网的计算机就可以了。政府或者中介机构可以通过网站发布调查问卷，由公众自愿填写，然后通过统计分析软件进行信息整理和分析。因此，这种方法不需要访问员，节省了传统调查中耗费的大量人力和物力。

3) 主动性和可靠性强。公众填写电子调查问卷是主动参与的，因此填写者一般对调查内容有一定兴趣，回答问题比较认真，有助于提高调查结论的可靠性。同时，网络调查减少了人的参与，还可以避免传统调查中的人为错误。

4) 无时空、地域限制。电子问卷调查是开放的，任何公众都可以在任何时间和任何地点进行参与。特别是对于我国的电子政务调查，电子政务的"顾客"都分布在广阔的地理区域里，电子问卷调查方法可以大大节约时间和费用。

2. 网页、在线论坛 Web 信息源收集方法

电子问卷是电子政务在网络环境下收集公众满意信息的主要来源，但是如果仅仅利用电子问卷来收集信息，就忽略了网络上许多重要功能的利用，而且收集到的信息显然也是不够全面的。

互联网的快速增长和普及应用，使得 Web 已经发展成为站点遍布全球的巨大信息服务网络。电子政务实际上是 Web 等新技术在政务活动中的应用。一般来说，Web 服务器日志文件中可以搜集公众使用网站的基本信息，如公众的姓名、年龄、职业、联系方式、访问政府门户网站日期和时间、访问的方式、访问的结果（成功、失败、错误）、引用页的 URL、被访问页的文件名等。另外，基于 Web 定位于特定服务的公众信息，总体上可以分为集中式和分布式两种。一般来说，集中式网络信息源比分布式网络信息源具有信息量大而且集中、获取方便等优点。在相应的论坛信息源中，公众主要是针对政府门户网站提供的某项服务发表自己的看法和意见，这些信息单元就构成了公众满意度测评的基础信息源。

3. 网上投诉信息

电子政务门户网站一般在自己的网页上都设立了相应的咨询和投诉服务，要想得到全面的公众满意信息，就一定不要忽略它们的作用。如何将公众网上投诉信息和满意度评价指标联系起来，便成了通过收集网上投诉信息对公众满意度进行测评的关键。首先，将这些信息规范化和定量化。在定量化的过程中也要体现以公众为本的原则。例如，若公众对信息反馈速度提出投诉，则将信息反馈速度对应的"网站服务的时效性"指标的评分值设为 0 分。然后建立相应的数据库，将结果自动保存入库。

以上三种方式中，电子问卷是最重要的数据收集方式。另外，网页、在线论坛 Web 信息和网上投诉信息这两种数据来源，也是收集公众满意信息的重要途径。

3.4.3 服务质量测评的量表及指标

在服务质量的测评中，SERVQUAL 量表被广泛使用，而且取得了很好的效果。SERVQUAL 包括五个维度和 22 个指标，具有显著的信度和效度。在 SERVQUAL 量表中，建立了包括可靠性、响应性、保证性、移情性、有形性五个维度的用户需求 WHATs 指标体系。

识别影响电子政务服务质量的关键指标见表 3-1。电子政务平台通过加强内部管理或采取措施达到提高用户满意度的目的。根据调研表和调查数据，结合涉及的电子政务平台服务的实际情况，从两方面来进行质量服务的改善：一是公众方面，针对信息的完整性、实用性、可靠性需求，建立关键指标；二是从政府部门方面进行质量改善。

表 3-1　识别影响电子政务服务质量的关键指标

关键指标	描述
S_1 政务新闻	网站的新闻信息
S_2 导航及办事指南	指导公众实现功能应用
S_3 受理速度	交付及业务处理速度
S_4 网上查询和搜索	网上搜索功能，便于公众快速查找
S_5 在线申报及审批	公众进行在线申报，政府实时审批
S_6 政府信箱、论坛	各级政府部门与公众交流、反馈的平台

作为面向公众的电子政务网站或微信公众号，必须根据公众需求提供服务，从 3.2 节的调研结果看，公众对电子政务网站信息完整性、实用性、可靠性的需求较明显，综合这些需求选出六个指标，说明如下：

1) 政务新闻。由政府官方发布，信息真实可靠。
2) 导航及办事指南。具有引导性，让用户浏览者更好、更便捷地了解网站的用途，方便使用,是人文性的重点体现之处。

3)受理速度。网站用户分为两类,一类是浏览用户,另一类是使用用户。对于使用用户,办理业务的受理速度影响公众满意度。

4)网上查询和搜索。设置此指标的目的是,对于有针对性搜索的网站用户,可以帮助他们更好地达到自己的目的。

5)在线申报及审批。好的电子政务网站不仅发布政府信息,而且可以处理初级事务,例如项目的申请审批等,此外还可以优化政府的办公效率。这也是电子政务网站存在的重要意义之一。

6)政府信箱、论坛。既然是面向公众,就要聆听公众的声音,这是公众与政府沟通的平台,公众的心声与诉求向政府反映,以便政府相关人员及时处理。

第4章

电子政务网站公众持续使用意愿模型与实证分析

电子政务是指政府部门利用信息技术对政府管理方式进行的一种转变，这种转变可以提高政府部门的办公效率，还能使政府与公众的交流更加便利。通过信息技术，政府为公众提供的服务更加多样，发布的信息更丰富。同时，政务信息也变得更加透明、公开，更好地展示了政府形象。因此，探讨电子政务平台的公众整体感知质量，对提升公众持续使用意愿具有重要的现实意义。

4.1 相关基础知识

4.1.1 电子服务质量

电子服务质量是顾客在选择、消费电子服务过程中的一种态度，是对电子服务总体的评价，是连接顾客行为和评价过程的中间环节，它涵盖了电子环境下服务产品、服务场景、服务交付的全过程。Wolfinbarger 和 Gilly（2002）区别电子服务和传统服务，包括网站设计、可靠性、隐私安全和顾客服务四个元素。Lee 和 Lin（2005）通过在 SERVQUAL 量表的基础上提出网页设计、可靠性、响应性和个性化四个维度，并将其应用于网络零售行业服务质量的衡量。邓之宏（2014）通过构建 C2C 交易市场电子服务质量综合评价量表，用探索性因子分析法得到了消费者评价 C2C 网站和卖家电子服务质量的关键因子的维度。其中，C2C 网站服务质量评价维度包括安全与隐私、网站设计质量、信息内容质量、网站补偿性、系统可靠性和愉悦性六个因子；C2C 卖家服务质量评价维度包括卖家补偿性、客户服务、配送准确性和配送准时。陆彩琼（2014）通过介绍天猫商城网上店铺电子服务质量管理的现状，根据 SERVQUAL 等量表，建立了包含五个维度（即网站设计质量、响应性、移情性、安全性、完成性）的天猫商城网上店铺电子服务质量评价体。Sun H Ni W 和 Wang Z（2016）通过对具有网购经验的大学生进行调查研究发现，电子服务质量包括交互性、网站系统质量等影响客户满意度和忠诚度的相关因素。通过以上研究可以发现，电子服务质量中网站信息、系统、功能、交互性很重要。

4.1.2 电子政务网站感知质量与持续使用意愿

（1）网站感知质量 网站感知质量是使用者对网站的总体感知和认知态度。Barnes 等（2003）在评估电子政务网站质量时，分成可用性、信息质量、服务交互性、总体感知质量四个核心部分进行测量。此后，Barnes 等（2006）提出了电子政务网站质量，评估的 E-qual 模型将可用性又分成有用性和网站设计两个部分，将服务交互性分成信任和可移植性，加上信息质量和总体感知质量，模型包含六个部分。Golubeva A 和 Merkuryeva 等（2008）分析了电子政务网站的功能执行力、效力、有用性，认为网站覆盖能力、功能的开展能力、服务的友好程度及网站外部的可达性、有用性都会影响电子政务网站的质量，并以彼得斯堡电子政务网站为调研对象，实证结果显示电子政务网站有待提高其与用户的交互能力。Wangpipatwong 等（2005）认为电子政务网站质量主要有两个影响因素，一个是网站信息质量，另一个是网站系统质量。网站信息质量主要测量网站信息的正确性、及时性、相关性、确切性、完整性，网站系统质量主要测量网站系统的功能性、可靠性、有用性、效率。Wangpipatwong 根据泰国电子政务网站的调研数据进行实证，研究结果显示信息的正确性、相关性、完整性对网站质量的影响比及时性、确切性更为显著，而且在影响网站质量的几个指标中，效率指标最为显著。乔波等（2010）则把影响电子政务网站质量的因素细分为网站信息质量、网站互动质量、网站性能质量、网站功能质量四个因素。其中，网站信息质量因素在于衡量网站信息的透明度、及时性、丰富程度及可靠性等维度；网站互动质量因素在于衡量政府通过门户网站与公民和企业进行交流与反馈的程度。

（2）电子政务网站持续使用意愿 公众是否愿意持续使用政务网站，是公众对网站忠诚度的一种情感体现，同时决定了电子政务网站是否能长期发展下去。郭俊华等（2016）基于电子服务质量模型，构建了包括效率、信息质量、系统可用性、易用性和隐私安全五个维度的移动政务服务质量评估模型，其实证结果表明效率、信息质量、系统可用性和易用性都对用户满意产生影响，进而影响对移动政务的再使用意愿，但隐私安全对用户满意无显著影响。黄怡菲（2014）在参考 PZB 模型和 E-SERVQUAL 模型的基础上，以湖北省人民政府门户网站为研究对象，基于期望确认理论，选取影响电子政务网站服务质量的五个维度，包括信息质量、安全性、回应性、可靠性和网站设计，构建了测量电子政务服务质量、用户满意度和持续使用意向之间关系的研究模型。结果表明，电子政务服务质量对用户满意度和持续使用意向具有显著影响。Wangpipatwong 等（2009）探讨了泰国电子政务网站服务质量对公众持续使用的影响机理，以信息系统成功模型为框架，构建了电子政务网站公众持续使用模型，其中网站质量包括系统质量、服务质量、信息质量三个维度，并利用问卷调查和多元回归分析方法进行数据收集和实证分析，研究结果表明网站质量影响公众持续使用电子政务网站。Mubarak 和 Alillwaie（2012）以社会认知理论和 ECM 为框架，并综合 D&M 和 E-S-QUAL 模型，分析结果期望和满意度对电子政务服务公众持续使用意愿的影响，研究结果也证明了服务质量和信息质量正向影响满意度，但是结果期望和满意度直接影响持续使用意愿并未得到实证检验。刘瑞（2020）运用信息系统持续使用的期望确认模型（ECM-ISC）为基础模型，在感知有用性、期望确认度和满意度三个变量基础上，结合中国（湖北）国际贸易单一窗口用户的使用感受，运用访谈法对影响因素进行补充，提炼出服务质量、转移成本和外部性三个指标变量，修正完善模型，在问卷调查的基础上进行了实证分析，对构建的模型进行拟合度分析和路径分析。研究结果显示，感知有用性、期望确认度、服务质量、外部性和满意度对用户的持续使用意愿具有显著正向影响。

综上所述，国外的一些关于服务质量对电子政务服务持续使用影响的研究成果有借鉴意义。但总的来说，国内外对电子政务网站整体感知质量的持续使用问题研究文献不多，特别是从公众体验的视角来研究电子政务网站整体感知质量与持续使用的因素和作用机制的研究成果很少。

4.2 理论基础

4.2.1 技术接受模型

技术接受模型认为系统使用是由行为意向（Behavioral Intention）决定的，而行为意向由使用态度（Attitude Toward Using）和感知有用性共同决定，使用态度由感知有用性和感知易用性共同决定，感知有用性由感知易用性和外部变量共同决定，感知易用性由外部变量决定（见图4-1）。外部变量包括系统设计特征、用户特征（包括感知形式和其他个性特征）、任务特征、开发或执行过程的本质、政策影响、组织结构等，为技术接受模型中存在的内部信念、态度、意向和不同的个人之间的差异、环境约束、可控制的干扰因素之间建立起一种联系。使用的态度是指个体用户在使用系统时主观上积极的或消极的感受。使用的行为意愿是个体意愿去完成特定行为的可测量程度。该模型认为目标系统的使用主要是由个体用户的使用行为意愿所决定的，使用行为意愿则是由使用态度和感知有用性决定的（BI = A + U），使用的态度是由感知有用性和感知易用性决定的（A = U + EOU），感知有用性则是由外部变量和感知易用性决定的（U = External Variable + EOU），感知易用性则是由外部变量决定的（EOU = External Variable）。外部变量是一些可测的因素，如系统培训时间、系统用户手册等，以及系统本身的设计特征。

技术接受模型如图4-1所示。

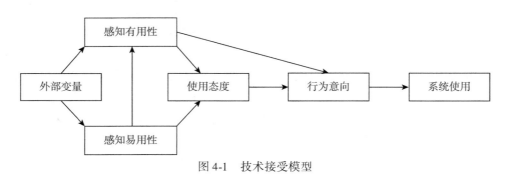

图4-1　技术接受模型

4.2.2 信息系统成功模型

信息系统成功模型由 DeLone 和 McLean（1992）最先提出，之后 DeLone 和 McLean（2016）得到进一步发展和完善。DeLone 和 McLean（1992）综合前人关于信息系统评价的研究成果，首次提出了信息系统成功模型，包含若干维度，他们提出不可以用单一的标准去衡量信息系统的效能，并主张从系统质量（System Quality）、信息质量（Information Quality）、系统使用（Use）、用户满意度（User Satisfaction）、个人影响（Individual Impact）、组织影响（Organizational Impact）六个维度进行衡量。DeLone 和 McLean（2016）对他们提出的"DeLone 和 McLean（1992）信息系统成功模型"进行了扩展，增加了服务质量、使用意图等因素，得到更新的信息系统成功模型。该模型在 DeLone&McLean（1992）模型基础上进行了扩展，模型包含系统质量、信息质量、服务质量（Service Quality）、使用意图（Use Intention）、用户满意度和净收益（Net Benefits）六个变量。

信息系统成功模型如图 4-2 所示。

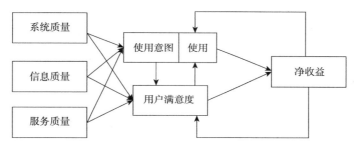

图 4-2　信息系统成功模型

（资料来源：DeLone&McLean，2016）

4.2.3 信息系统成功模型在电子政务网站中的应用

Alexandre J 和 Isaías 等（2012）在评估电子政务网站时，引入 DeLone&McLean（D&M）信息系统成功模型，将原来的标准按照信息系统成功模型中的系统质量、信息质量、服务质量分成三个部分。可用性标准评估系统质量，用其他的标准评分来评估信息质量和服务质量。Alshibly H（2015）从公众感知的角度来应用信息系统成功模型，从公众的角度分析政府电子公共服务能带来多大的净收益，并用这个净收益来测量政府电子公共服务是否成功。同时，他还考察了 IT 质量的影响因素，这些因素包括系统质量、信息质量、服务质量，为政府网站的电子公共服务评价提供了基础。

4.3　研究假设与模型构建

4.3.1 研究假设

（1）电子政务网站感知质量与持续使用意愿的关系　电子政务网站感知质量的一个主要影

响因素是电子政务服务质量。其中，政府门户网站是电子政务网站的一个主要板块，它建设在互联网上，是政府面向公众提供各项在线服务的集成平台和政府相关信息的发布平台，个人和企业可以在政府门户网站上访问各类公开信息，并可以经过安全认证后，在线使用政府提供的各类公共服务。公众可以通过政府门户网站提出建议、意见、投诉和办事申请；政府门户网站通过电子政务应用平台将公众提交的事项按照标准协议转发到相应的业务系统办理；公众对政府门户网站的整体感知质量是公众持续使用政府门户网站的主要因素。借鉴企业界感知质量的概念，感知网站质量是指电子政务顾客在使用网站后对服务质量的总体评价。乔波（2010）将网站感知质量描述为用户对电子政务网站整体效能评价。同时，网站感知质量受到网站信息质量、网站功能、网站系统性能、网站交互性和感知易用性与感知有用性影响，网站感知质量正向影响用户持续使用电子政务网站的意愿。陈涛（2016）在研究公民信任对电子政务系统成功影响中将感知质量分为信息质量、系统质量和服务质量三个维度；结果表明，公民信任正向影响感知质量，进而通过用户满意影响用户持续使用动机。韦正花等（2014）通过对电子商务网站消费者持续使用意愿的研究表明，感知有用性、感知易用性、感知娱乐、感知质量、自我效能、习惯、转换成本对消费者持续使用意愿有直接或间接的影响。王鹏（2013）将感知质量分为系统质量、服务质量和信息质量三个方面，并提出了政务网站质量对用户在线信任的影响模型。该研究证明感知质量正向影响持续使用意愿。West 和 DeLone（2011）在其研究中发现电子政务网站感知质量正向影响持续使用意愿。因此，提出以下假设：

H1：电子政务网站的感知质量正向影响持续使用意愿。

（2）政务网站整体感知质量影响因素与持续使用意愿的关系　网站的整体感知质量受到许多因素的影响，这些因素直接或者间接通过感知质量影响持续使用意愿。通常认为网站感知质量包括信息质量、服务质量、系统质量、感知易用性和感知有用性。田博（2014）选择期望确认模型作为理论基础，结合国内科普网站的发展现状引入感知趣味性、信息质量、感知外部声望三个影响因素，对国内科普网站用户持续使用意愿模型进行研究，结果表明：用户对科普网站的信息质量会正向影响用户对该网站的感知有用性，进而影响持续使用意愿。朱多刚（2012）基于 TAM（技术采纳模型）、DeLone 和 McLean 的信息系统成功模型研究公众持续使用意愿，结果表明：感知有用性、感知易用性和网站信息质量对公众持续使用意向有显著影响，其中，感知有用性是决定公众持续使用电子政务网站的决定性因素。Negash S Ryan T 和 Igbaria M（2003）在其研究中发现信息质量正向影响公众持续使用电子政务网站的意愿。黄怡菲（2014）将服质量分为信息质量、安全性、回应性、可靠性、网站设计五个维度，她的研究验证了感知有用性影响满意度，进而正向影响公众持续使用湖北政府门户网站的意愿。汤志伟（2016）以信息系统持续使用模型（ECM-ISC）为理论基础，结合电子政务的服务对象、服务层次，引入了信任、网络外部性、感知易用性和服务质量四个影响因素，构建了电子政务网站公众持续使用意向的分析框架，研究结果表明满意度、网络外部性、服务质量、服务层次显著影响公众对电子政务网站的持续使用意向。赵玉攀等（2015）在已有文献和模型的基础上，选取互动性、移动性、情景感、临界质量、感知易用性、感知有用性及感知鼓励等因素构建公众采纳政务

App 的模型，通过数据对模型进行分析，得出的结论是感知易用性正向影响使用意愿。刘渊等（2008）以杭州市政府门户网站为例研究公众持续使用电子政务网站，结果显示网站服务质量、系统质量、信息质量、感知易用性和感知有用性正向影响持续使用意愿。彭丽（2015）通过借鉴经典的技术接受模型、期望差异值理论和信息系统持续使用模型，选取有用性感知、易用性感知、公众互动参与、安全信任感这几个内部相关变量，以及社交影响、宣传培训、服务质量、计算机自我效能、信息共享质量和政府信任这几个外部相关变量。廖敏慧等（2015）从创新技术特征视角和创新扩散环境视角，提出影响公众使用意向的构念和研究假设，构建了电子政务网站公众接受度模型，其研究结果显示，影响使用意向的关键因素由高到低依次为相容性、有用性感知、易用性感知和网络自我效能感。宋宏磊（2011）认为电子服务质量包括系统质量、服务质量、信息质量，它们正向影响持续使用意愿。结合上述讨论，这里将网站感知质量分为网站信息质量、网站功能质量、网站系统质量、网站交互性能、感知易用性，它们正向影响持续使用意愿。因此，提出以下假设：

H2：电子政务网站的信息质量正向影响网站的持续使用意愿。

H3：电子政务网站的功能质量正向影响网站的持续使用意愿。

H4：电子政务网站的系统质量正向影响网站的持续使用意愿。

H5：电子政务网站的交互性能正向影响网站的持续使用意愿。

H6：感知易用性正向影响网站的持续使用意愿。

（3）网站整体感知质量影响因素与感知质量的关系 网站感知质量是指网站的整体感知，当要考察公众对网站整体的认知态度时，网站感知质量也可指网站服务质量。李玥（2014）通过移动电子政务信息发布服务质量的实证研究发现，移动电子政务信息服务质量受到系统设计、系统质量、信息质量、政府重视程度等正向影响。颜琪等（2009）在研究旅游电子商务网站服务质量感知的影响因素分析中发现，网站感知质量受网站系统管理（可进入性、导航性能、网站外观）、信息服务（准确性、适用性、易懂性）、商务交流（信任、互动性、交易性）的正向影响。朱琳等（2014）对移动互联网的智慧社区服务公众采纳的实证研究表明网站感知质量包括感知有用性、感知易用性、主观规范、用户信任、服务质量。晁梦娜（2015）在农业信息网站服务质量及其与用户满意度关系的研究中，利用结构方程模型对农业信息网站服务质量与用户满意度的关系进行了分析，结果显示，信息质量、商务能力、易用性、网页设计、保障性和互动关怀性对感知服务质量具有正向影响作用。张一涵等（2014）以技术接受模型为基本框架，结合 D&M 系统成功模型得出互联网获取信息时网站质量受感知易用性、感知有用性、信息质量、系统质量、服务质量的正向影响。苏秦等（2010）在 C2C 电子商务服务质量实证研究中将网站服务质量分为网站质量、信息质量、易用性及可靠性四个维度变量，这些变量正向影响网站的服务质量，服务质量作为网站整体感知质量的一部分，正向影响网站的感知质量。网站的信息质量主要是指网站提供信息的准确性、及时性、有用性。网站的服务质量主要是指网站提供的各种功能及处理事务的效率。网站的系统质量主要是指网站的设计和网站的功能有效性。Alalwan（2013）认为交互性是一个环境属性，在这个环境中人们可以分享做事过程。

网站交互性涉及用户、网站服务提供者、网站三个主体，用户希望网站能提供个性化交进行沟通。交互性是电子政务网站的一个瓶颈，提高网站的交互性是电子政务网站发展的一个重要方向。我们认为电子政务网站的交互性是指公众通过网站参与政务的难易程度，网站的感知易用性主要是指网站系统易用性和交互功能便捷性。因此，提出以下假设：

H7：电子政务网站的信息质量正向影响网站的感知质量。

H8：电子政务网站的功能质量正向影响网站的感知质量。

H9：电子政务网站的系统质量正向影响网站的感知质量。

H10：电子政务网站的交互性正向影响网站的感知质量。

H11：感知易用性正向影响网站的感知质量。

H12：电子政务网站的系统质量正向影响感知易用性。

H13：电子政务网站的交互性正向影响感知易用性。

4.3.2 模型构建

根据上述假设，构建电子政务网站公众持续使用意愿研究模型（见图4-3）。

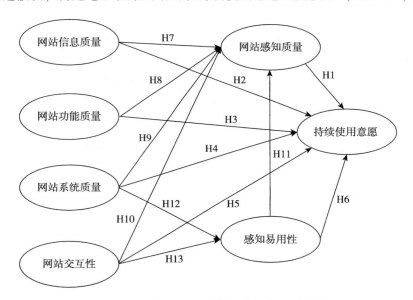

图4-3　电子政务网站公众持续使用意愿研究模型

4.4　研究设计

4.4.1　问卷量表的设计与发放

1. 问卷设计

通过文献梳理，参考学者们的问卷内容，设计本研究问卷的量表，见表4-1。

表 4-1 测量问项

测量项	测量变量描述	参考
网站信息质量	A1 电子政务网站会及时更新信息 A2 电子政务网站可以提供我需要的信息 A3 电子政务网站提供的信息是容易理解的 A4 电子政务网站提供的信息是全面完整的 A5 电子政务网站提供的信息是准确的	晁梦娜（2015） DeLone 和 McLean（2016） Wangpipatwong（2005）
网站功能质量	B1 电子政务网站提供的服务具有专业化和个性化 B2 电子政务网站提供的服务是准时的 B3 电子政务网站的网上办事系统能解决我的问题 B4 电子政务网站对我提出的问题能够及时回应	苏秦，等（2010） 李玥（2014） Alshibly H（2015）
网站系统质量	C1 电子政务网站系统能够正常运行 C2 电子政务网站提供的全局导航和局部导航是有效的 C3 电子政务网站整体设计和页面布局是有条理的 C4 电子政务网站提供的交易功能是安全简便的	黄怡菲（2014） 颜琪，等（2009）
网站交互性	D1 电子政务网站提供的政府信箱和咨询反馈及时 D2 电子政务网站的网上论坛使用方便，能反馈民意	Alalwan（2013） 田博（2014）
感知易用性	E1 电子政务网站服务系统的操作容易掌握 E2 使用电子政务网站获取信息比较容易 E3 电子政务网站板块命名简洁易懂	Davis（1989） Paul（2009） 田博（2014）
网站感知质量	F1 我对电子政务网站提供的信息、服务感知质量好 F2 我对电子政务网站系统功能感知质量好 F3 总的来说，我对电子政务网站整体比较满意	NegashS（2003） 乔波（2010）
持续使用意愿	G1 使用电子政务网站的做法值得支持 G2 我会继续使用电子政务网站 G3 我会向他人推荐使用电子政务网站	朱多刚（2012） Negash S（2003） 郭俊华（2016）

网站信息质量主要是指网站提供信息的准确性、及时性、相关性、有用性及完整性。网站功能质量主要是指网站提供的各种功能和处理事务的效率。网站系统质量主要是指网站的设计及功能有效性（苏秦，2010）。网站交互性涉及用户、网站服务提供者、网站三个主体，用户希望网站能提供个性化服务并进行沟通（Alalwan J A，2013）。感知易用性反映用户容易使用一个具体的系统的程度。网站感知质量是指电子政务用户在使用网站后对服务质量的总体评价。持续使用意愿是指愿意继续使用的态度或者向他人推荐网站的想法。

2. 问卷调查

利用问卷星进行网上问卷调查，并结合纸质问卷进行线下调查，共回收问卷 380 份，题项为 24 个，满足研究的问卷数量。问卷主要调查用户对电子政务政府门户网站持续使用意愿，包括网站信息质量、网站功能质量、网站系统质量、网站交互性能、感知易用性、网站感知质量和持续使用意愿七个维度，每个维度设有 2~6 个题项，共有 24 个题项。评分采用李克特量表（Likert Scale），从 1 到 5 分别表示非常不同意、不同意、不确定、同意、非常同意。

4.4.2 研究思路与工具

本研究利用 SPSS23.0 和 AMOS21.0 对回收的 380 份问卷进行实证分析，主要包括描述性分析、效度检验、信度检验、结构方程模型分析、中介变量分析。首先，利用 SPSS23.0 统计软件对量表的信度进行检验，主要根据 Cronbach's α 值对量表内部一致性进行检验；然后，对量表的效度进行巴特利特球形检验，对因子进行主成分分析，利用 AMOS21.0 对模型进行结构检验，并利用 SPSS23.0 对中介效应进行分析；最后，根据验证结果提出建议。

4.5 数据分析

4.5.1 样本分析

对回收的 380 份问卷分析，对有效数据进行人口统计分析，具体数据见表 4-2。

表 4-2　样本基本情况统计

样本特征	类别	数量	比例
性别	男	179	47.1%
	女	201	52.9%
学历	高中及以下	36	9.5%
	专科	25	6.6%
	本科	213	56.1%
	研究生	57	15.0%
	其他	49	12.9%
是否经常访问电子政务网站	从不	15	3.9%
	偶尔	216	56.8%
	经常	149	39.3%

4.5.2 信度和效度检验

1. 信度检验

信度是指测验结果的一致性、稳定性及可靠性，一般多以内部一致性来加以表示，测验信度的高低。信度系数越高，表示该测验的结果越一致、稳定与可靠。通常认为，当 Cronbach α 系数为 0.8～0.9 时，信度非常好；当 Cronbach α 系数为 0.7～0.8 时，信度较好；

当 Cronbach α 系数在 0.6~0.7 时，信度一般。从表 4-3 可以看出所涉及的测量项有网站信息质量、网站功能质量、网站系统质量、网站交互性能、感知易用性和持续使用意愿，Cronbach's α 分别为 0.790、0.782、0.774、0.825、0.711、0.769、0.773，可以看出都大于 0.7，说明内部一致性较好，信度比较好。

表 4-3 效度检验表

变量	题项数	Cronbach's α
网站信息质量	5	0.790
网站功能质量	4	0.782
网站系统质量	4	0.774
网站交互性能	2	0.825
网站感知质量	3	0.711
感知易用性	3	0.769
持续使用意愿	3	0.773

2. 效度检验

效度是测量的有效性程度，即测量工具能测出其所要测量特质的程度，或者说是指一个测验的准确性、有用性，通常分为内容效度和结构效度。本研究问卷设计的量表是根据相关文献提取而来的，经过大量学者验证，因此具有良好的内容效度。利用 SPSS23.0 进行 KMO 和巴特利特球形检验，当 KMO 小于 0.5 时，不适于因子分析，应该放弃；当 KMO 在 0.5 和 0.6 之间时，进行因子分析效果比较差；当 KMO 在 0.6 和 0.7 之间时，可以进行因子分析；当 KMO 在 0.7 和 0.8 之间时，因子分析是适合的；当 KMO 在 0.8 和 0.9 之间时，很适合进行因子分析；当 KMO 在 0.9 以上时，非常适合进行因子分析。巴特利特球形检验则通过卡方 (f) 的值进行检验，对于问卷通常认为巴特利特球形检验值大于 100 即通过检验。同时，当 f 的 sig 值显著时，表明比较适合进行因子分析。KMO 和巴特利特球形检验见表 4-4。

表 4-4 KMO 和巴特利特球形检验

变量	KMO 取样适切性量数	近似卡方 (f)	自由度	sig
网站信息质量	0.770	760.480	10	0.000
网站功能质量	0.776	582.559	6	0.000
网站系统质量	0.777	542.105	6	0.000
网站交互性能	0.774	435.922	4	0.000
感知易用性	0.769	305.330	3	0.000
网站感知质量	0.724	426.310	3	0.000
持续使用意愿	0.701	425.923	3	0.000
总体	0.844	5124.918	276	

由表 4-4 可知，网站信息服务质量、网站功能质量、网站系统质量、网站交互性能、感知易用性、网站感知质量和持续使用意愿的 KMO 均大于 0.7，且巴特利特球形检验卡方 (f) 值均大于 200，同时巴特利特球形检验的 P 值小于 0.01，因此该量表具有良好的效度，适合进行因子分析。整体的 KMO 为 0.844，大于 0.8，说明效度较好，适合进行因子分析。

4.5.3 因子分析

利用 SPSS23.0 对测量的变量进行因子分析，采用主成分分析法，按最大方差进行旋转，按大小排序，绝对值大于 0.5 进行提取，共同性越高表明所测量选项与同一纬度的其他变量相关性较高，其中共同性均大于 0.5，它们对总体方差贡献率较大。经过探索性因子分析，五个因子的总方差解释为 66.084%，大于 60%（见表 4-5）。基于最大方差法得到旋转后的因子载荷量见表 4-6，共得到七个主成分，空白处表示因子载荷小于 0.5。

表 4-5 总方差解释

成分	初始特征值			提取载荷平方和			旋转载荷平方和		
	总计	方差百分比	累计（%）	总计	方差百分比	累计（%）	总计	方差百分比	累计（%）
1	6.555	27.312	27.312	6.555	27.312	27.312	2.791	11.628	11.628
2	2.903	12.095	39.407	2.903	12.095	39.407	2.548	10.617	22.245
3	1.665	6.937	46.344	1.665	6.937	46.344	2.538	10.574	32.820
4	1.324	5.515	51.859	1.324	5.515	51.859	2.290	9.542	42.362
5	1.212	5.051	56.910	1.212	5.051	56.910	2.093	8.720	51.082
6	1.158	4.827	61.737	1.158	4.827	61.737	1.855	7.728	58.810
7	1.043	4.347	66.084	1.043	4.347	66.084	1.746	7.275	66.084
8	0.949	3.956	70.040						
9	0.821	3.423	73.463						
10	0.655	2.728	76.191						
11	0.630	2.627	78.818						
12	0.586	2.441	81.258						
13	0.548	2.283	83.542						
14	0.502	2.091	85.633						
15	0.479	1.997	87.630						
16	0.436	1.816	89.447						
17	0.401	1.669	91.116						
18	0.375	1.564	92.680						
19	0.345	1.439	94.118						
20	0.332	1.385	95.503						
21	0.304	1.267	96.771						
22	0.276	1.151	97.921						
23	0.258	1.077	98.998						
24	0.240	1.002	100.000						

利用主成分分析得到的第一个因子是网站信息质量（A1~A5），第二个因子是网站功能质量（B1~B4），第三因子是网站系统质量（C1~C4），第四个因子是网站交互性能（D1~D2），第五个因子是感知易用性（E1~E3），第六个因子是网站感知质量

（F1～F3），第七个因子是持续使用意愿（G1～G3）。其中，空白表格表示载荷小于0.5。综上所述，题项的构建效度较好，适合进行因子分析，与测量题项维度模型拟合度较好，适合进行结构模型分析（见表4-6）。

表4-6 旋转后的因子载荷量

	成分						
	1	2	3	4	5	6	7
A1	0.817						
A2	0.767						
A3	0.673						
A4	0.599						
A5	0.546						
B1		0.846					
B2		0.752					
B3		0.664					
B4		0.610					
C1			0.765				
C2			0.631				
C3			0.609				
C4			0.607				
D1				0.843			
D2				0.827			
E1					0.787		
E2					0.779		
E3					0.620		
F1						0.843	
F2						0.827	
F3						0.674	
G1							0.764
G2							0.647
G3							0.615

4.5.4 结构方程模型分析

进行结构方程模型分析之前，我们进行了实验样本的聚合效度分析。根据分析结果可以看出，所有测量项的标准化载荷均在0.5以上，各变量测度项的平均方差抽取量AVE都大于0.5，各测量项的组合信度CR均在0.7以上（具体数据省略），这表明样本的聚合效度良好。此外，我们还进行了各个变量间的区别效度分析，在区别效度表中，对角线上的数字都大于对应的相关系数值（具体数值省略）。这说明各个变量之间具有较好的区别效度。最后，我们利用 AMOS21.0 对结构方程模型进行了估计，并对假设进行了分析检验（见表 4-7）。

表 4-7 结构方程拟合

拟合指标	测量后修正指标值	适度的标准或临界值
标准卡方	2.935	<3
比较拟合指数（CFI）	1.000	>0.900
增量拟合指数（IFI）	0.905	>0.900
拟合优度指数（GFI）	0.910	>0.900
调整的拟合优度指数（AGFI）	0.909	>0.900
近似误差均方根（RMSEA）	0.040	<0.080

矩形代表具体测量项，椭圆代表潜变量，分别为网站信息质量、网站功能质量、网站系统质量、网站交互性能、感知易用性、网站感知质量和持续使用意愿，并对每个变量设置了误差，利用 AMOS21.0 对模型进行了验证，结果如图 4-4 所示。指标检验见表 4-7，各项拟合指标达到要求，拟合情况较好。

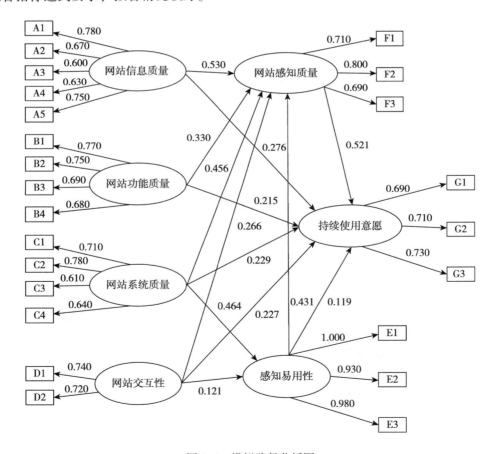

图 4-4 模拟路径分析图

结构方程模型内部假设关系由所估计的标准化路径系统进行介绍，通常采用 T 值进行显著性水平检验的判断。若 T 的绝对值比 1.96 大，则表示该路径系统在 0.05 的水平上显著；若 T 的绝对值比 2.58 大，则表示该路径系统在 0.01 水平上显著。假设路径检验结果见表 4-8。

表 4-8 假设路径检验结果

假设	假设路径	标准化路径系数	P 值	检验结果
H1	网站感知质量→持续使用意愿	0.521	***	支持
H2	网站信息质量→持续使用意愿	0.276	***	支持
H3	网站功能质量→持续使用意愿	0.215	0.012	支持
H4	网站系统质量→持续使用意愿	0.229	***	支持
H5	网站交互性→持续使用意愿	0.227	***	支持
H6	感知易用性→持续使用意愿	0.119	0.051	不支持
H7	网站信息质量→网站感知质量	0.530	***	支持
H8	网站功能质量→网站感知质量	0.338	***	支持
H9	网站系统质量→网站感知质量	0.456	***	支持
H10	网站交互性→网站感知质量	0.266	***	支持
H11	感知易用性→网站感知质量	0.431	***	支持
H12	网站系统质量→感知易用性	0.464	***	支持
H13	网站交互性→感知易用性	0.121	0.053	不支持

注：*** 代表 $P<0.01$。

由图 4-4 和表 4-8 可知，电子政务网站整体感知质量对持续使用意愿影响最大，标准化路径系数为 0.521（$P<0.01$），即用户对网站感知质量越高，越愿意持续使用。电子政务网站信息质量对持续使用意愿影响的标准化路径系数为 0.276（$P<0.01$），网站的交互性对持续使用意愿影响的标准化路径系数为 0.227（$P<0.01$），可见电子政务网站工作人员如果及时更新网站信息和回答用户问题，与用户很好沟通对其持续使用意愿影响较大。电子政务网站功能质量对持续使用的标准化路径系数为 0.215（$P<0.05$），显著性水平低于同一级纬度的信息质量（0.276）（$P<0.01$）、系统质量（0.229）（$P<0.01$）、交互性（0.227）（$P<0.01$），出现这种情况的原因可能是随着科技的进步，网站的系统质量越来越好，开发人员对网站交互性比以前更重视，但是电子政务网站的功能还仅仅局限于信息查询、办事指南、表格下载等简单的功能，还存在办事功能不完善等短板。感知易用性对持续使用意愿影响不显著，标准路径系统为 0.119（$P>0.05$），原因可能是调查的对象大部分对网络比较熟悉，具有丰富的计算机知识和技能，浏览电子政务网站办事对他们来说比较容易，所以对持续使用意愿影响不显著。在影响网站感知质量的五个因素中，网站信息质量影响最大（0.530）（$P<0.01$），网站功能质量为0.338（$P<0.01$），网站系统质量为0.456（$P<0.01$），网站交互性为0.266（$P<0.01$），感知易用性为0.431（$P<0.01$）。公众对电子政务网站提供的信息真实性有较高的信任，但是对信息的及时性和完整性要求较高，信息质量在他们看来依然是最重要的。此外，网站的系统质量和感知易用性对网站的感知质量影响也比较大，因此需要提高网站的稳定性和便捷性。电子政务网站功能理论上说对网站感知质量的影响应该最大，这是因为网站的功能越多，就能更好地满足公众用户的需求，但是分析结果显示其路径系数仅为0.338（$P<0.01$），低于政府信息质量（0.530）（$P<0.01$）、系统质量（0.516）（$P<0.01$）、易用性（0.431）（$P<0.01$）的影响，主要原因可能是研究的时候电子政务网站的功能还没有特别完善，功能质量受到其他因素影响。电子政务网站交互性对网站感知质量的影响比较低，原因可能有两个方面：一是电子政务网站在互动建设方面还很薄弱，公众通过电子政务网站参与政府活动的机制还没有完全形成；二是电子政务网站信息和功能是基础服务，它产生的效用总体上应该大于网站的交互性。在影响用户感知易用性两个纬度网站系统质量为0.464（$P<0.01$），网站交互性为0.121（$P>0.05$），在0.05水平上不显著，可见电子政务网站系统质量对感知易用性影响很大，因此政府应提高电子政务网站的系统质量，使网站页面信息分类清晰且有条理，全局导航和局部导航均简洁而高效。

4.5.5　中介变量分析

本研究采用SPSS23.0来进行中介效应分析。根据温忠麟、张雷等提出的中介效应的检验方法，在SPSS23.0中，对本书的感知服务质量的中介效应显著与否进行检验，其步骤是：①将数据中心化；②进行 $y = cx + e^1$ 系数 c 显著性检验，如果 c 显著，则可以进行下一步检验；③进行 $m = ax + e^2$ 和 $y = c'x + bm + e^3$ 的系数 a 和 b 的显著性检验；如果 a 和 b 都显著，则需要进行 c' 的显著性检验，如果 c' 不显著，那么中介变量发挥了完全中介效应，如果 c' 依然显著但是比较于没有引入中介变量之前降低，那么中介变量发挥部分中介效应；如果 a 和 b 至少有一个不显著，则需要进行 Sobel 检验，如果 Sobel 检验的结果是显著的，则 m 在 x、y 之间有部分中介效应；如果 Sobel 检验的结果是不显著的，则 m 在 x、y 之间的中介效应不显著。表4-9显示了 $y = cx + e^1$、$m = ax + e^2$ 和 $y = c'x + bm + e^3$ 的检验过程。

由表4-9可知，网站信息质量在没有引入中介变量之前，网站信息质量对持续使用意愿的标准回归系数 $c = 0.216$，在0.001水平上显著，在引入中介变量"网站感知质量"之后，网站信息质量对持续使用意愿标准化系数下降到0.030，且在0.05水平上不再显著，说明中介变量"网站感知质量"在网站信息质量与持续使用意愿之间起完全中介效应。而网站功能质量、网站系统质量、网站交互性能在没有引入中介变量之前，标准化回归系数分别为0.215、0.329、0.327，在0.001水平上显著，在引入中介变量"网站感知质量"之后对持续使用意愿的标准化回归系数分别下降到0.103、0.190、0.247，在0.01水平上仍然显著。因此，中介变量"网站感知质量"在网站功能质量、网站系统质量、网站交互性能与持续使用意愿之间起部分中介效应。

表 4-9 中介效应分析

自变量		因变量	c的系数	c的显著性	a的系数	a的显著性	b的系数	b的显著性	c'的系数	c'的显著性
网站信息质量		持续使用意愿	0.216	0.000						
		网站感知质量			0.530	0.000				
	网站感知质量	持续使用意愿					0.352	0.000	0.030	0.531
网站功能质量		持续使用意愿	0.215	0.000						
		网站感知质量			0.338	0.000				
	网站感知质量	持续使用意愿					0.333	0.000	0.103	0.016
网站系统质量		持续使用意愿	0.329	0.000						
		网站感知质量			0.516	0.000				
	网站感知质量	持续使用意愿					0.270	0.000	0.190	0.000
网站交互性能		持续使用意愿	0.327	0.000						
		网站感知质量			0.266	0.000				
	网站感知质量	持续使用意愿					0.302	0.000	0.247	0.000

4.6 研究结果与对策建议

4.6.1 研究结果

本研究以政务网站信息质量、网站功能质量、网站系统质量、网站交互性能作为网站感知质量的前因变量，感知质量为中介变量，持续使用意愿为因变量，并整合技术接受模型和 DeLone&McLean（2003）信息系统成功模型，根据电子政务网站特点，构建理论研究模型，进行了实证分析，假设检验结果见表 4-10。

表 4-10 假设检验结果

假设	H1	H2	H3	H4	H5	H6	H7	H8	H9	H10	H11	H12	H13
结果	支持	支持	支持	支持	支持	不支持	支持	支持	支持	支持	支持	支持	不支持

值得说明的是，研究结果是将信息系统成功模型与信息技术接受模型进行了整合得到的结论。此外，调查样本对象为使用过政务网站的青年人和高校学生，这对政务网站公众对象选择的普适性可能有一定影响，在后续研究中有待提高和改进。

4.6.2 对策建议

根据分析结论，网站感知质量、感知易用性对公众持续使用意愿等具有显著正向影响，政务网站信息质量对网站感知质量影响最大，网站感知质量对用户持续使用意愿影响

最大,而感知易用性对持续使用意愿没有显著性影响等。结合实际提出以下建议:

1)电子政务网站服务和绩效评估过程中,要树立以用户为中心的理念。网站是政府开展电子政务服务的窗口,无论电子政务网站还是 App,其服务的目标对象都是广大公众。因此,要树立以用户为中心的理念,不仅需要从技术层次和专业层次进行评估,还需要关注用户各个层次的需求,以提高公众的感知易用性、网站感知质量及满意度,进而提高公众持续使用意愿。

2)不断发展和完善电子政务网站功能。完善电子政务网站功能,应在以人为本的核心理念指导下,以各类业务信息和资源为基础,以用户群体和用户需求为出发点,利用信息技术创新服务方式,对用户对象进行细分,围绕业务流程整合资源,提供综合和多样化的服务;提高网站的人性化和个性化程度,注重用户体验和集体参与,加强互动性;科学规划页面布局,提供多样化的网络工具,使用户能快速获取所需要的信息和服务,最终提高服务效率和用户满意度。

最后,根据基于公众体验的电子政务信息服务质量影响因素模型及实际情况,对政府信息服务质量提出以下对策:以公众为中心,提升电子政务信息服务的有效性;重视网站的技术保障性,确保信息服务顺畅;充分发挥电子政务网站互动性,提升公众的参与热情;优化网站信息资源,提升电子政务信息服务的易用性;完善信息内容,拓展电子政务信息服务的广度和深度;重视网站设计,提升电子政务信息服务的美学体验。

第5章 政务微信公众号用户持续使用意愿模型与实证分析

在互联网信息技术日益发展的今天,微信公众号已经成为舆情信息发布和传播的一种重要载体。在国家信息化建设进程中,政府信息化的提出推进了电子政务建设,政务微信公众号由于具有精确传播、高效率、提升政府公信力,以及完善监督机制等功能,成为电子政务的一个重要组成部分(王宇,2016)。2012年政务微信公众号开始出现,其覆盖范围日益扩大,这不仅为政府信息的公开与公共服务工作的优化提供了新的渠道,也为政府与公众互动的开展,以及社会大众信息需求的满足创造了良好的平台,且微信公众号弥补了政府微博和政务门户网站的一些缺陷。政务微信公众号作为推动政府信息化建设的一个方面,除了前期的筹备、建设和宣传,更重要的是让公众能够使用并且成为习惯,也就是要持续使用。这样政务微信公众号的建设与推行才有价值,才能真正让公众感受到它所带来的便利、经济和高效。本研究是围绕政务微信公众号用户持续使用意愿而展开的,拟通过政务微信公众号用户交互平台的有用性、易用性、期望确认度等方面感受进行实证分析,研究公众持续使用平台的影响因素和作用机制,为政务微信公众号的设计和服务优化提出建议。Bhattacherjee认为信息系统的接受只是信息系统获得成功的第一步,相对于接受而言,信息系统能够获得最终成功更多的是要依靠用户的持续使用。政务微信公众号也是一样,只有当用户能够持续使用时,才能获得成功,其建设才有价值和意义。

5.1 相关基础知识

5.1.1 政务微信公众号概念界定

近年来,政府部门为了加深与公众之间的联系建立了政务公众平台。微信公众号是开发者或商家在微信公众平台上申请的应用账号,该账号与QQ账号互通,通过公众号,商家可在平台上实现和特定群体的文字、图片、语音、视频的全方位沟通、互动,进而形成了一种主流的线上线下微信互动营销方式。这一章主要研究政府机构所建立的微信公众号。

5.1.2 政务微信公众号研究现状

通过文献梳理，国内政务微信的研究成果十分丰富，主要包括三个方面：一是政务微信的传播方式与效果（吕文增等，2017；李颖等，2021）；二是对政务微信的影响力评价（张兰等，2016；霍明奎等，2021）；三是对政务微信的内容与对策的研究（张冬秀，2016；张爱红，2021）。但总体来看，目前关于政务微信公众号用户持续使用行为的研究成果较少，通过超星发现系统和中国知网两个文献数据库，以"政务微信"和"持续使用"两个关键词进行检索，结果显示只有四篇相关文献，这主要是由于政务微信2012年才开始兴起，国内很多学者都是从其未来发展、现存问题、传播阻碍等方面进行研究的，缺乏行为方面的研究。但由于微信传播速度快，加之许多政务微信公众号的关注者都已经突破了10万人，如天津市的官方微信公众号"滨海发布"，在2017年6月20日，其粉丝量已经超过了10万人，到2021年10月5日，其粉丝量已经超过了51万人。所以，政务微信公众号拥有非常大的用户基数，对其持续使用意愿进行研究有重要的现实意义。

5.1.3 电子服务质量概念

李雷和简兆（2012）在《国外电子服务质量研究述评与展望趋势》一文中提到，从20世纪90年代末起，学者们就开始关注电子服务质量问题，并且早期的电子服务质量研究遍布于众多领域。目前，对于电子服务质量并没有一个特别统一的定义，一是因为在不同领域所涉及的衡量电子服务的指标不同；二是各学者在对电子服务质量进行研究时的视角与侧重不同；三是在不同情景和背景下，不同地域、不同国家，消费者或用户在服务方面的倚重是不一样的。Zeithaml（2005）等将电子服务质量定义为一个网站有效并且高效地促进购物，购买和交付的产品和服务的程度，是期望的服务质量水平与实际感知的服务质量水平之间的差异。Gummerus和Johanna（2004）从更广泛的视角认为：E-SQ是消费者对服务提供商电子渠道的过程和互动结果质量的评价，其中电子渠道一般是指广泛的在线服务，不单单只是在线购物网站。Gronroos（1984）认为它从本质上看是一种感知，质量是由顾客评价的，顾客感知的服务质量是成功的关键因素。虽然各学者对于电子服务的定义不相同，但很多学者都是从用户或者消费者角度出发的，强调了它是消费者的感知或者主观评价，而本研究也是研究用户对于政务微信公众号的感知服务质量。

5.1.4 电子服务质量测评

关于电子服务质量的测评，不同学者给出了不同维度及不同指标的量表，且多用于研究网上交易。很多学者都对目前应用较为广泛的电子服务质量量表进行了梳理，Loiacono（2002）等提出了 WebQual™ 分析模型，主要包括有用性、易用性、娱乐性和互补关系四个维度。WebQual 4.0 模型由 Barnes 和 Vidgen（2002）发展而来，主要包括可用性、信息质量和服务互动三个维度，共设计 22 个测量项。Zeithaml（2002）和 Parasuraman（2005）等提出了 E-S-QUAL/E-RecS-QUAL 模型，这是引用率最高的模型，模型包括两个部分：一是核心服务质量，针对未出现服务失败的情况，包括效率、系统可行性、业务履行、隐私四个维度；二是服务恢复质量，针对出现服务失败进行补救的情况，包括响应、补偿、接触三个维度。王为（2015）遵循 Churchill 提出的量表开发范式，开发了微信电子服务质量量表 MIM-E-QUAL，并进行了验证，最终保留了可靠性、保证性、个性化、愉悦性、感知价格水平、易用性六个维度，并且用此量表进行了微信电子服务质量与客户忠诚度的关系研究。

电子政务服务质量评价中比较著名的模型和量表为 PZB 服务质量评估模型和 SERVQUAL 量表。朱春奎等（2019）认为电子政务服务质量的评价模型基本都以 SERVQUAL 量表和电子服务质量评价的模型为基础，对质量维度进行了扩展，提出的评价框架或者模型中基本涵盖技术、信息、服务、安全和组织五个维度。而电子服务质量评价模型主要有 E-GOVQUAL 模型、E-GSQA 模型和黑恩的电子政务服务质量评价模型等；E-GOVQUAL 模型认为电子政务服务质量主要包括可靠性、易用性、信息内容、交互环境、信任和市民支持六个维度；E-GSQA 模型包括系统可用性、实现、安全、效率、信息隐私、回应性等 17 个维度；黑恩的电子政务服务质量评价模型包括服务质量、信息质量和组织质量三个视角八个维度。

5.1.5 用户持续使用意愿理论的梳理

关于用户持续使用意愿的研究最早来自信息系统研究领域。早期，国内外众多学者在信息系统的采纳研究方面做了大量的理论和实证研究，构建的相关经典理论或模型主要有理性行为理论（TRA）、计划行为理论（TPB）、技术接受模型（TAM）、创新扩散理论（DOI）和期望确认理论（ECT）等。后来很多学者发现，不管用户对于信息系统初始接受程度有多高，如果信息系统不能在某方面充分满足用户需求，信息系统用户的持续使用意愿就会下降，所以很多学者又转向了对用户持续使用意愿的研究。在研究中，一些学者以原有影响因素作为研究切入点，通过改进或扩展经典的技术接受模型、计划行为理论等信息系统采纳模型，使其能够解释在采纳信息系统之后的用户持续使用行为。而另一部分学者则是通过重新引入新的理论框架，并引入原来完全不同的研究变量来构建信息系统持续使用理论模型。

严星（2014）从用户的视角出发，以传播学的视野对微信进行考察研究，基于 ECM-ISC，结合微信用户的实际使用特征，构建出微信用户持续使用意向影响因素研究模型。侯如靖、张初兵（2016）通过对网络外部性和期望确认度的分析，结合持续使用模型，对微信用户持续使用意向进行了实证研究。鲍宇迪（2016）梳理了前人关于持续使用意愿的相关理论，将期望确认模型与PPM（性能预测模型）相结合，同时加入感知社交性和感知娱乐性两个变量，建立了一个微信用户持续使用意愿的理论模型，并通过用户的内在需求和外在环境影响双重角度研究了微信用户持续使用意愿的影响因素，为提升用户黏性提出了实质性建议。朱多刚（2012）基于TAM（技术接受模型）、D&M信息系统成功模型，构建出政府网站用户持续使用研究模型，并分析了影响公众持续使用意向的因素，结果表明感知有用性是决定公众持续使用政府网站的决定性因素。黎斌（2012）总结了期望确认理论的发展历程，以感知有用性和满意度作为中介变量，建立了微博用户对于微博持续使用意愿的概念模型，并进行了实证研究，以期为提高微博用户的活跃度提供参考建议。李宗富和张向先（2016）从信息生态视角构建了政务微信公众号用户持续使用意愿的影响因素体系，其中包括政务微信用户属性、政务微信信息与服务、政务微信环境属性三个主因素以及12个子因素，并运用DEMATEL方法对所有可能影响政务微信用户持续使用意愿的因素进行关联性分析，结果表明政务微信用户属性居于关键位置，政务微信的信息与服务属性对其有重要影响，而政务微信环境属性的影响度和被影响度都很弱。

综上所述，虽然持续使用意向的研究是从信息系统研究领域发展起来的，但目前，国内外的学者已经将其中大量的理论模型用到了其他领域，并得到了验证。以上学者对微信或微信公众平台用户的持续使用意愿主要是基于期望确认理论、技术接受模型、信息系统成功模型及EMC-ISC等。其中，EMC-ISC是在期望确认理论和技术接受模型的基础上发展起来的，且广泛应用于各个领域的用户持续使用行为意愿的研究。因此，这里将EMC-ISC作为基础研究理论模型，除了基础模型中的变量，结合期望确认理论、TAM、D&M信息系统成功模型及相关文献引入了两个新的变量，即感知易用性和服务质量。学者们（严星，2014；侯如靖等，2016）已验证感知易用性对感知有用性有显著性影响，且感知易用性能通过影响感知有用性和用户满意度间接影响持续使用意愿，TAM中感知易用性可正向影响用户感知有用性和使用态度。根据政务微信公众号特性分析，其主要作用在于为公众服务，所以引用了D&M信息系统成功模型中"服务质量"这个变量。通过文献查阅，发现目前各个领域对持续使用意愿的研究采用的都是实证研究法，这主要是因为对于不同的对象或环境，变量的选择和模型的构建都有差异。

5.2　理论基础

通过上述文献梳理，本研究选用的模型为D&M信息系统成功模型、TAM、ECM-ISC。由于D&M信息系统成功模型在4.2.2小节已做了详细介绍，它的初始模型采用了系统质量、信息质量、服务质量来研究公众使用意愿和用户满意，这里我们也可以将它引入政务微信公众号用户使用意愿的研究。下面只对TAM、ECM-ISC做简要说明。

5.2.1 TAM

Davis 于 1989 年提出的技术接受模型（Technology Acceptance Model，TAM），是信息采纳研究中最具影响的理论之一。TAM 以社会心理学和理性行为理论为基础，把个体接受信息技术的影响因素简洁地概括为感知易用性、感知有用性、使用态度、使用意图和实际使用等，并建立了描述这些因素之间关系的逻辑结构，如图 5-1 所示。目前，TAM 也已经被广泛地应用于电子政务的研究领域。巫翠玉（2015）将 TAM 应用于政务微信公众号的采纳研究当中，经过实证分析后，发现感知有用性对用户政府公众号采纳行为有显著的正向影响。朱多刚在政府网站用户持续使用行为研究中，结合 D&M 信息系统成功模型和 TAM，构建了政府网站用户持续使用研究模型，并采用逐步回归分析的方法验证假设，结果显示感知有用性、感知易用性和网站信息质量对公众持续使用政府网站有显著影响。

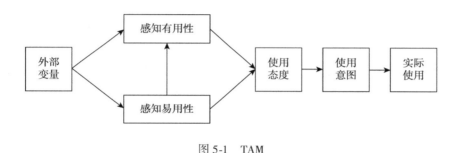

图 5-1 TAM

5.2.2 ECM-ISC

Bhattacherjee 在经典的技术接受模型和期望确认模型的基础上，提出了 IS 持续使用模型（Expectation Confirmation Model of IS Continuance，ECM-ISC，见图 5-2，并以网络银行为背景进行实证验证。M. Limayem 和 C. M. K. Cheung 在 Bhattacherjee 的 ECM-ISC 基础上，引入信息系统使用习惯这一外部变量，并进行了长期的实证研究，证明了持续使用模型的有效性。

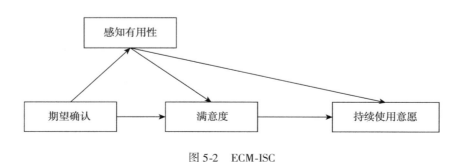

图 5-2 ECM-ISC

5.3 研究假设与模型构建

5.3.1 研究假设

根据文献梳理，以 EMC-ISC 为主，结合 TAM、D&M 信息系统成功模型提出本研究的理论模型。它由感知有用性、感知易用性、满意度、电子服务质量、社会影响、持续使用意愿六个变量构成。下面将结合研究问题和文献调研提出假设。

EMC-ISC 是在期望确认模型与 TAM 的基础上被提出来的。模型中"期望确认"这个变量源于 Oliver（1980）提出的期望确认理论（Expectation Confirmation Theory，ECT），是指消费者对服务或者产品的期望与所获得的绩效之间的差距。由于政务微信公众号的出现时间较晚，普及也需要相当长的一段时间，很多用户对政务微信公众号的了解还很浅，期望也就很低，因此本研究舍弃了原模型中"期望确认"这一变量。感知有用性、满意度与持续使用意愿之间的假设关系，在各个领域的研究中都得到了证实。范岚（2013）以期望确认理论为基础构建了微信用户持续使用意愿影响因素模型，实证研究结果表明，感知有用性、感知娱乐性、满意度、感知用户性均能对用户持续使用意愿产生直接的正向影响，而感知有用性、感知娱乐性和确认程度则通过满意度间接影响用户的持续使用意愿。胡莹（2013）以信息系统持续使用模型的拓展模型作为基础模型，引入信息系统成功模型中对信息系统性能的测量变量，并结合感知娱乐性理论，最终形成移动微博用户持续使用模型，结果表明感知有用性、感知易用性正向影响用户对移动微博的满意度及用户持续使用移动微博的意愿，且正向影响用户的满意度对其持续使用微博的意愿。黎斌（2012）结合期望-确认理论，建立了微博用户对于微博持续使用意愿的概念模型，并进行了模型的实证研究，结果显示感知有用性对用户的满意度及持续使用意愿有正向影响，系统质量、信息质量及期望确认等都通过微博用户的满意度的中介效应对持续使用意愿产生了间接影响。据此，本书做出以下三个假设：

H1：感知有用性对政务微信公众号用户的满意度有正向影响。

H2：感知有用性对政务微信公众号用户的持续使用意愿有正向影响。

H3：用户满意度对政务微信公众号用户的持续使用意愿有正向影响。

巫翠玉（2015）在政务微信公众号用户采纳研究中总结出：TAM 的基本观点是感知有用性、感知易用性对用户态度有正向影响，且感知易用性在某种程度上可以强化感知有用性，行为受到感知有用性和态度的共同影响。国内学者代蕾、徐博艺（2011）构建的政府对公众的移动政务的用户接受模型中表明感知易用性与满意度和公众持续使用意愿均存在正相关关系。Chan 和 Lu 对网上银行用户持续使用意向的研究，表明感知易用性显著正向影响用户的感知有用性。据此，本研究做出以下假设：

H4：感知易用性与政务微信公众号用户的感知有用性存在正相关关系。

H5：感知易用性与政务微信公众号用户的满意度存在正相关关系。

H6：感知易用性与政务微信公众号用户的持续使用意愿存在正相关关系。

Salancik 等将社会影响定义为在其他人或组织的影响下，个人的思想、感觉、态度或行为的改变。Ogara 等（2014）对移动即时通信服务用户满意度进行实证研究，发现感知社会影响对用户满意度有着积极和显著的影响。很多学者研究也发现社会影响对于社交媒体用户满意度有着积极的影响。林志芳（2017）在对政务微信公众号用户满意度影响因素的研究中，提到社会影响主要是指用户从其他人或组织感知到的使用政务微信公众号的压力或支持。当个人用户使用一项新技术或产品时，他们往往会查找或倾听来自他们社交网络中的意见和观点。据此，本书提出以下假设：

H7：社会影响对政务微信公众号用户的满意度有正向影响。

这里从 D&M 信息系统成功模型引入了"服务质量"这一变量。随着互联网的普及，线上活动日益丰富，出现了 C2C、B2C 等多种电子商务交易模式。人们逐渐发现消费者或用户对线上服务的感知有别于传统的服务，因而提出了"电子服务质量"这一新的概念。

文献梳理结果表明，电子服务质量正向影响顾客满意。一些学者的研究结果表明电子服务质量和持续使用的关系完全通过顾客满意来实现。另一些学者的研究表明，信息质量、系统质量对持续使用的影响完全通过顾客满意和感知个体利益两个中介变量来实现。从现有研究成果来看，电子服务质量确实正向影响顾客或用户的满意度，因此，做出以下假设：

H8：电子服务质量对政务微信公众号用户的满意度有正向影响。

5.3.2 电子服务质量的维度

虎香玲（2015）研究了 B2C 购物网站电子服务质量对在线满意度的影响，并以产品类别作为调节变量。研究结果表明，网站电子服务质量中效率性、履行性和隐私性对在线满意度有显著的正向影响。盛天翔、刘春林（2008）通过对我国的网上交易服务质量四维度的测量，以顾客满意度为中间变量，分析了服务质量四维度对服务满意和服务忠诚的影响，结果显示服务质量中有效性、履行性与顾客满意存在正相关关系。李辉、张爽（2008）基于全面质量管理的思想，结合电子服务质量的内涵及特殊性。构建了电子服务质量评价的层次，一共包括六个维度：可靠性、易用性、响应性、安全性、移情性及整合交流，并且进行了估测。张晓娟、刘亚茹等（2017）基于用户满意度，从便捷性、移情性、响应性、可靠性和保证性五个维度构建了政务微信服务质量评价模型，并以"武汉发布"为例进行模型检验和实证研究，结果表明便捷性、响应性和可靠性与用户的满意度存在显著的正相关关系。总结以上学者的研究成果，本书结合政务微信公众号的特征，在避免与已有假设重合的基础上，提取了电子服务质量的两个维度：响应性、可靠性。

5.3.3 研究概念模型的构建

基于上述假设,构建政务微信公众号用户持续使用假设模型,如图 5-3 所示,其中变量的含义见表 5-1。

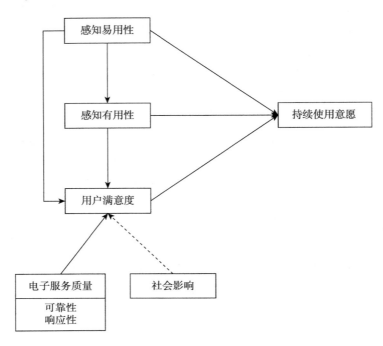

图 5-3 政务微信公众号用户持续使用假设模型

表 5-1 研究变量的含义及来源

变量名	变量定义	来源
电子服务质量	用户基于个人期望对政务微信公众号所提供服务的整体评价,是一种感知的服务质量	谭鑫,秦玲玲(2014)
社会影响	社会用户从其他人或组织感知到的使用政务微信公众号的压力	林志芳(2017)
用户满意度	公众在对比政务微信公众号的使用前期望与使用后实际体验而产生的心理状态的总和,也就是公众的综合评价,可以是正面、负面或者中性	杨根福(2016) 王哲(2017)
感知有用性	公众主观上认为使用政务微信公众号对自身工作或者生活绩效的提升程度	王哲(2017)
感知易用性	公众主观认为使用政务微信公众号需要花费的精力和努力程度	Davis(1989)
持续使用意愿	公众在使用政务微信公众号一段时间后,还打算继续使用的一种心理状态	Thong(2006)

5.4 研究设计与数据分析

5.4.1 变量的测量

本研究所使用的测量变量的题项是在已有的研究文献基础上结合研究主题来设计的（见表5-2）。对于公众对政务微信公众号持续使用行为的调查，采用的是李克特量表（Likert Scale），1~5分别是非常不同意、不同意、一般、同意、非常同意。

表 5-2 研究变量的测量

变量名	测量指标	参考来源
电子服务质量	"成都服务"信息更新及时稳定	张晓娟，等（2017） 李辉，等（2008）
	"成都服务"提供的各项信息服务均可使用	
	"成都服务"信息全面，能满足需求	
	"成都服务"信息权威真实	
	"成都服务"工作人员能迅速、有效地处理问题	
	"成都服务"工作人员告知解决问题时间	
	可以随时向"成都服务"微信公众号寻求帮助	
	"成都服务"的工作人员随时、耐心地回答公众的问题	
社会影响	我周边大多数人都认为使用"成都服务"是令人满意的	林志芳（2017）
	在我周边，能影响我行为的人认为使用"成都服务"是令人满意的	
	我的朋友认为使用"成都服务"是令人满意的	
	在我周边，认为使用"成都服务"是令人满意的人比不满意的人威望更高	
感知有用性	"成都服务"提供了我获取政府政务信息的新渠道	巫翠玉（2015）
	通过"成都服务"政务微信公众号查看政务信息能帮助我节约时间	
	总的来说，我认为"成都服务"政务微信公众号对我来说是有用的	
感知易用性	我认为的"成都服务"政务微信公众号使用对我而言很简单	巫翠玉（2015） 严星（2014）
	"成都服务"政务微信公众号的操作界面设计很清晰，信息易获取	
	我能从"成都服务"政务微信公众号方便地了解政务、出行、生活等相关信息	
	使用"成都服务"政务微信公众号与政府部门沟通很便利	
用户满意度	我对"成都服务"政务微信公众号的服务是满意的	Davis（1986）
	我认为使用"成都服务"政务微信公众号是一个明智的决定	
	我对"成都服务"政务微信公众号非常满意	
持续使用意愿	以后我愿意继续使用"成都服务"	鲍宇迪（2016） 刘增光（2016）
	我愿意将"成都服务"政务微信公众号推荐给周围的人使用	
	我以后会把"成都服务"政务微信公众号作为与政务机构沟通的渠道	

5.4.2 数据收集

本问卷于 2019 年 3 月 1 日至 2019 年 3 月 14 日形成最终问卷发放，一共收回 284 份问卷。284 份问卷中去掉未答完的问卷、全部统一选项的问卷，以及作答时间少于 60s 的问卷，还剩问卷 251 份，以此作为本次研究的有效样本。样本基本题项描述统计见表 5-3。

表 5-3 样本基本题项描述统计

	题项	频率	百分比
性别	男	104	41.4%
	女	147	58.6%
年龄	<25 岁	109	43.4%
	25~35 岁	123	49.0%
	36~45 岁	15	6.0%
	>45 岁	4	1.6%
学历	高中/中专及以下	38	15.1%
	大专	59	23.5%
	本科	144	57.4%
	硕士及以上	10	4.0%
职业	政府部门工作者	27	10.8%
	自由工作者	89	35.5%
	企业工作者	92	36.7%
	其他	43	17.1%
使用频率	每月 3 次以上	114	45.4%
	每月 1~2 次	113	45.0%
	很少使用	24	9.6%

5.4.3 数据分析

1. 信度分析

信度分析可以用来衡量调查问卷的可靠性，即同样的测量方法重复测量同一事物是否能够获得一致结果。问卷信度是测量问卷结果是否具有一致性和稳定性。在本书的研究中，采用了克朗巴哈系数（Cronbach's α）来衡量问卷的信度，Cronbach's α 评价指标见表 5-4。

表 5-4 Cronbach's α 评价指标

Cronbach's α	量表信度
0.9 ≤ Cronbach's α	非常理想
0.8 ≤ Cronbach's α < 0.9	比较理想
0.7 ≤ Cronbach's α < 0.8	可以接受
0.6 ≤ Cronbach's α < 0.7	勉强接受
0.5 ≤ Cronbach's α < 0.6	不理想
0.4 ≤ Cronbach's α < 0.5	非常不理想，考虑舍弃

本研究先对整个量表的信度进行分析,结果见表5-5。Cronbach's α 为 0.927,信度非常理想。然后分别对电子服务质量、社会影响、感知有用性、感知易用性、满意度和持续使用意愿进行分析,结果见表5-6。从表5-6可以看出,所有变量的 Cronbach's α 都大于0.6,说明问卷的稳定性和可靠性较高,具有良好的内部一致性,符合研究的要求。

表 5-5 可靠性统计

Cronbach's α	基于标准化项的 Cronbach's α	项数
0.927	0.927	25

表 5-6 信度分析

变量	电子服务质量	社会影响	感知有用性	感知易用性	用户满意度	持续使用意愿
Cronbach's α	0.771	0.628	0.636	0.626	0.714	0.634

2. 效度分析

效度是指问卷的有效性和正确性,即量表是否真正反映了我们希望测量的问题。效度是问卷调查研究中最重要的特征,问卷调查的目的就是要获得高效度的测量与结论,效度越高表示该问卷测验的结果所能代表要测验的行为的真实度越高,越能够达到问卷测验目的,该问卷才越正确有效。

本研究采用因子分析方法对问卷的效度进行检验。在检验之前先对量表进行巴特利特球形检验及 KMO 检验,以此来判断变量是否适合于因子分析方法。巴特利特球形检验以变量的相关系数矩阵为出发点,其原假设是相关系数矩阵为一个单位阵,其统计量是根据相关系数矩阵的行列式得到的,如果该值较大,且其相伴概率小于显著性水平,则拒绝原假设,说明原始矩阵不可能是单位阵,即原变量之间存在相关性,适合做因子分析;反之,不宜做因子分析。KMO 值越接近于 1,则所有变量之间的简单相关系数平方和远大于偏相关系数平方和,因此越适合做因子分析;KMO 值越小,越不适合做因子分析。

从表 5-7 中可以看出量表的 KMO 值为 0.941,巴特利特球形检验的 P 值小于 0.001,极其显著,所以适合做因子分析。我们采用主成分分析法提取因子,采用最大方差法进行因子旋转,以特征值大于 1 作为提取标准,提取到五个特征值大于 1 的因子,前四个因子总体解释了结果变量的 54.246%,表示共同因素是可靠的。效度结果分析见表5-8。

表 5-7 KMO 和巴特利特球形检验

KMO 取样适切性量数		0.941
巴特利特球形检验	近似卡方	2326.300
	自由度	300
	显著性	0.000

表 5-8 效度结果分析

变量	因子载荷	KMO 值
电子服务质量	0.682	0.838
社会影响	0.724	0.667

(续)

变量	因子载荷	KMO 值
感知有用性	0.796	0.639
感知易用性	0.754	0.693
用户满意度	0.817	0.673
持续使用意愿	0.767	0.651

3. 结构模型分析

首先，进行聚合效度和区分效度检验，见表5-9。所有测量项的标准化载荷均在0.5以上，各变量测度项的平均方差抽取量 AVE 都大于0.5，各测量项的组合信度 CR 均在0.7以上（具体数据省略），这表明样本的聚合效度良好。其次，进行各个变量间的区别效度分析，在区别效度表中，对角线上的数字都大于对应的相关系数值（具体数值省略）。这说明各个变量之间具有较好的区别效度。

表5-9　结构方程拟合概要

拟合指标	测量后修正指标值	适度的标准或临界值
标准卡方	2.835	<3.000
比较拟合指数（CFI）	1.000	>0.900
增量拟合指数（IFI）	0.935	>0.900
拟合优度指数（GFI）	0.930	>0.900
调整的拟合优度指数（AGFI）	0.929	>0.900
近似误差均方根（RMSEA）	0.040	<0.080

图 5-4 显示了偏最小二乘（PLS）分析结果，描述了各路径系数及其显著性水平。结果表明，持续使用意愿、用户满意度、感知有用性的方差解释比例分别是 40.5%、39.7%、

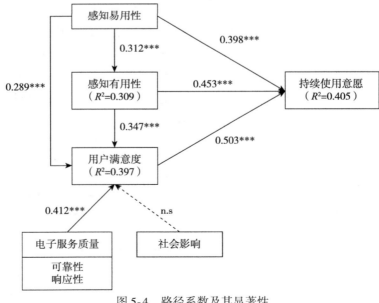

图 5-4　路径系数及其显著性

30.9%。就显著关系而言,除社会影响与用户满意度之间不存在显著关系外,其他路径均存在显著关系,即假设 H1、H2、H3、H4、H5、H6 和 H8 成立,假设 H7 不成立。

通过上述分析,模型假设检验结果见表 5-10。

表 5-10 假设检验结果

假设	H1	H2	H3	H4	H5	H6	H7	H8
结果	支持	支持	支持	支持	支持	支持	不支持	支持

5.5 结论与讨论

本章探讨政务微信公众号用户持续使用意愿的影响因素。根据表 5-10 的检验结果,研究结论如下:感知易用性对感知有用性、用户满意度和持续使用意愿的影响有显著的正向作用;感知有用性对用户满意度和持续使用意愿的影响有显著的正向作用;电子服务质量对用户满意度的影响具有显著的正向作用;用户满意度显著影响持续使用意愿,而社会影响对用户满意度不产生直接的作用。这意味着政府在设计微信公众号时,不仅要考虑用户对微信公众号的感知易用性和感知有用性,更要注重电子服务质量,提高微信公众号的可靠性和响应性,加大用户满意度。比如,政府针对政务微信公众号的使用情况开展大范围的调研,以了解用户对核心功能的需求;在政务微信公众号运营过程中,调研用户经常使用哪些功能来满足自己的不同需求;在用户遇到使用困难时,是否能够及时提供帮助。此外,用户感知易用性和感知有用性直接作用于持续意愿,并通过用户满意度影响产生间接作用。因此,为了激发用户对微信公众号的持续使用,政府工作人员需要鼓励用户在更大范围内使用其功能,在保障功能的前提下简化流程,从而增加用户对政务微信公众号有用性和易用性的认知,进而产生积极影响。需要注意的是,本研究具有一定的局限性:本书仅仅关注持续意愿,这与实际的持续行为不同;社会影响与用户满意度的关系在不同情境下可能产生不同的结果,值得进一步探究。

第6章

电子政务信息服务质量公众满意度模型与实证研究

从公众感知质量的视角出发，研究公众对电子政务信息服务质量的满意度问题，对政府提高网站信息服务质量和公众信任具有参考价值。随着电子政务的发展，电子政务服务质量逐渐引起了公众的极大关注。电子政务信息服务功能是随着政府职能由管理型向服务型转变发展起来的，提供政府网站在线信息服务的功能主要是指政府通过整合自身与各部门及各种社会服务资源，为公众的日常生活、学习及工作和企业的生产经营活动提供基于政府网站的在线信息服务的功能，其核心内容就是提供信息服务。特别是市县级政府网站，与基层公众的联系十分紧密，其在线信息服务质量直接影响着公众对政府网站使用的满意度，也是衡量电子政务的信息服务质量的重要指标。因此，如何提升公众信息服务质量，公众满意度成为电子政务研究的重要议题之一。由于电子政务信息服务具有服务业共有的及时性、无形性、非存储性三个特点，服务的同时强调公众参与，因此，我们的研究从公众"需求"出发，关注电子政务网站"设计质量""功能质量""过程服务质量"的研究，并把电子政务的信息服务质量作为一个服务过程来设计和管理，寻找用户的基础需求、关键需求等，以明确政府该如何设计和提供这些不同需求层次的服务，以保证服务质量。只有实现了完整的服务质量的过程管理和公众感知质量提升，才能真正保障电子政务的信息服务质量。

6.1 经典顾客满意度指数模型概述

关于顾客满意度指数模型的研究近30年来一直为学术界所关注，其成果也较多。在顾客满意度指数测评的实践中，以费耐尔逻辑模型为基础的顾客满意度指数测评方法先后被瑞典、美国、欧盟、新西兰、新加坡、马来西亚、韩国等数十个国家和地区所采用，逐渐成为国际上顾客满意度指数测评的通用方法。采用顾客满意度指数测评方法的国家，其测评模型虽然都是以费耐尔逻辑模型为基础建立起来的，但是都根据其国家的实际情况进行了修正，并处于不断发展和完善之中。这里主要回顾几个经典模型构建的视角和原理。

6.1.1 瑞典顾客满意度指数模型

瑞典于1989年建立了世界上首个国家层次的顾客满意度指数模型。瑞典顾客满意度指数（Swedish Customer Satisfaction Barometer，SCSB）测评是在美国密歇根大学国家质量研究中心的费耐尔（Fornell）教授领导的研究团队指导下建立起来的，并利用该模型对32个行业的100多家公司的顾客满意度指数进行了调查和分析。SCSB模型提出了顾客满意弹性（Customer Satisfaction Elasticity）的概念。顾客满意弹性是指顾客忠诚对顾客满意度的敏感性，即顾客满意度提高一个百分点，顾客忠诚将提高多少个百分点，这样就可以从量化的角度来研究不同程度的顾客满意度对顾客忠诚的影响及其非线性关系。SCSB模型共有五个结构变量和六个关系，如图6-1所示。

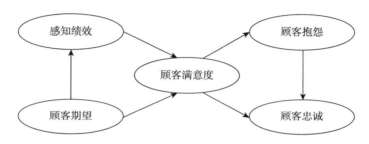

图6-1 SCSB模型

SCSB模型的核心概念是顾客满意度，它是指顾客对某一产品或者某一服务提供者迄今为止全部消费经历的整体评价，不同于代表顾客对于某一件产品或某一次服务经历评价的特定交易的满意度（Transaction Specific Satisfaction），这是一种累积的满意度（Cumulative Satisfaction）。现行的各国顾客满意度指数模型均采用这一概念，主要是因为消费者不是以某一次消费经历，而是以迄今为止累积起来的所有消费经历为基础来做出未来是否重复购买的决策。因此，与特定交易的满意度相比，累积的满意度能更好地预测消费者后续的行为（顾客忠诚）及企业的绩效，以它作为指标来衡量经济生活的质量也更有说服力。

模型中顾客满意度有两个基本的前置因素（Antecedent Factor）：顾客期望（Customer Expectation）和感知绩效（Perceived Performance）。感知绩效又称感知价值（Perceived Value），即商品或服务的质量与其价格相比，在顾客心目中的感知定位。感知绩效越高，顾客满意度也随之提高。

模型中的顾客期望是指顾客预期将会得到何种质量的产品或服务，这是一种"将会的预期"（Will Expectation），而不是该产品或服务应该达到何种质量水平的预期，即"应当的预期"（Should Expectation）。顾客通常具备一种学习的能力，他们会通过以前的消费经历、广告、周围人群的口头传播等渠道获得信息，对自身的期望值进行理性的调整。经过反复调整之后的期望值能够比较准确地反映目前的质量，因而它对感知绩效具有正向的作用。

在特定的某次交易中，顾客满意度由目前质量和预期之间的差额决定，而在累积顾客满意度的测评中，总体顾客满意度是过去感知质量和将来预期质量的函数。顾客期望中携

带着顾客自 $t-1$、$t-2$，一直回溯到 $t-m$ 时期的消费经历和各种与该企业相关的信息，同时也包含着顾客对该企业从 $t+1$、$t+2$，一直到 $t+n$ 时期表现的理性预期。顾客期望的增加（减少）会导致顾客满意度短期内的减少（增加），但增加（减少）的顾客期望的长期影响会超过其短期影响，导致累积的顾客满意度的减少（增加），因此模型中顾客期望与顾客满意度呈负相关关系。

SCSB 模型将顾客抱怨作为衡量顾客满意度的关键因素。当顾客对某一组织所提供的产品或服务不满意时，他们会选择两种渠道来表达这种不满意——停止购买该产品或服务，或者向该组织表达自己的抱怨或不满以获得赔偿。顾客满意度的提高会直接导致顾客抱怨行为的减少。

从顾客抱怨到顾客忠诚的方向和大小可表明组织的顾客抱怨处理系统的工作成果：若测评得出顾客抱怨到顾客忠诚之间的关系为正，则意味着组织通过良好的抱怨处理系统将不满的顾客转化成为忠诚顾客；反之，则意味着这些对组织不满的顾客极有可能会流失掉。

模型的最终变量是顾客忠诚，在此宽泛地定义为顾客重复购买某一特定产品和服务的心理趋势。忠诚的顾客意味着持续的重复购买、较低的价格敏感度、较少的促销费用等，是组织盈利能力的一种表现。

根据 SCSB 模型，顾客满意度的前导变量有两个：顾客对产品/服务的价值感知，顾客对产品/服务的期望。满意度的结果变量是顾客投诉和顾客忠诚度。忠诚度是模型中最终的因变量。模型中的这些隐变量都是通过显变量来间接衡量的，该模型影响力较大，学术界在此基础上做了许多拓展性的研究。

6.1.2 美国顾客满意度指数模型

美国顾客满意度指数（American Customer Satisfaction Index，ACSI）是在借鉴 SCSB 模型的基础上建立起来的，同样由美国密歇根大学国家质量研究中心的 Fornell 教授及其研究团队负责开发。ACSI 是在利用 ACSI 模型对美国的 40 个行业中的 200 多家公司的产品和服务加以分析得出的。该模型对比 SCSB 模型增加了一个结构变量"感知质量"（见图 6-2），并以增加后的六个变量为基础提出了 15 个观测变量和九个关系（见表 6-1）。

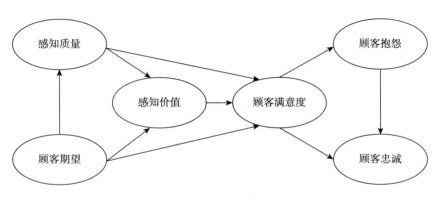

图 6-2 ACSI 模型

第6章 电子政务信息服务质量公众满意度模型与实证研究

表 6-1 ACSI 模型的结构变量和观测变量

结构变量	观测变量
顾客期望	1. 对产品/服务的质量的总体预期
	2. 对产品满足顾客需求程度的预期
	3. 对产品可靠性的预期
感知质量	4. 对产品质量的总体评价
	5. 对产品满足顾客需求程度的评价
	6. 对产品可靠性的评价
感知价值	7. 给定产品质量下对价格的评价
	8. 给定价格下对产品质量的评价
顾客满意度	9. 总体满意度
	10. 产品质量同预期产品的比较
	11. 产品质量同理想产品的比较
顾客抱怨	12. 向厂商抱怨次数
	13. 向经销商抱怨次数
顾客忠诚	14. 重复购买的可能性
	15. 保留价格

资料来源：中国标准化研究院顾客满意度测评中心。

在结构变量中，顾客期望、感知质量和感知价值是顾客满意度的原因变量，顾客抱怨和顾客忠诚是顾客满意度的结果变量。

顾客期望，即顾客在购买前对产品或服务的主观估计。其观测变量包括对产品/服务质量的总体预期、对产品满足顾客需求程度的预期和对产品可靠性的预期。顾客期望对感知质量、感知价值和顾客满意度有直接影响。

感知质量，即顾客在购买并消费了某种产品或服务后的实际感受。其观测变量包括对产品质量的总体评价、对产品满足顾客需求程度的评价和对产品可靠性的评价。感知质量对感知价值和顾客满意度有直接影响。

感知价值，即顾客在综合考虑感知质量和价格水平后对产品或服务的评价。其观测变量包括给定产品质量下对价格的评价和给定价格下对产品质量的评价。感知价值对顾客满意度有直接影响。

顾客满意度，即所要测量的目标变量。其观测变量包括总体满意度、产品质量同预期产品的比较和产品质量同理想产品的比较。顾客满意度对顾客抱怨和顾客忠诚有直接影响。

顾客抱怨，主要用于测量顾客的不满程度。其观测变量包括向厂商抱怨次数和向经销商抱怨次数。顾客抱怨与顾客忠诚之间的关系有两种情况：一是当顾客抱怨与顾客忠诚呈正相关关系时，表示提供产品或服务的公司能够成功地将抱怨的顾客转变为忠诚顾客；二是当顾客抱怨与顾客忠诚呈负相关关系时，表示顾客将采取退出行为，提供产品或服务的公司将失去这部分顾客。

顾客忠诚，即顾客愿意从特定的产品或服务供应商处再次购买的程度。其观测变量包括重复购买的可能性和保留价格。ACSI 模型通过两个标识变量来度量顾客忠诚：以一个 10 个等级的李克特量表测度顾客重复购买的可能性。如果结果显示该顾客会重复购买，则进一步调查使得该顾客绝对停止购买的最大涨价幅度；反之，则会调查该商品或服务降价百分之多少才会使原本打算停止购买的顾客回心转意。

ACSI 模型对 SCSB 模型进行了修正：首先，将质量感知从价值感知中分离出来。调查中增加了三个质量感知的问题：产品/服务满足顾客需求的程度（Customization），这些需求满足的可靠程度（Reliability），以及总体质量。1996 年，ACSI 模型针对耐用消费品，将质量感知进一步分为产品质量感知和服务质量感知。其次，与质量感知的显变量相对应，ACSI 调查中加入了"满足顾客需求程度期望"和"可靠程度期望"，与原有的"总体期望"一起来衡量顾客期望。该模型的创新之处在于增加了"感知质量"这一潜在变量，模型设计了质量的定制化、质量的可靠性及质量的总体评价三个标识变量来度量顾客感知价值。增加感知价值顾客不仅可以反映顾客对于产品或服务的客观评价，还能更加直接真实地反映顾客的满意度，同时管理者还可以分辨出顾客满意的源头，方便其提出相应的措施。ACSI 模型包含六个潜在变量和九种关系。感知质量、顾客期望及感知价值构成了顾客满意度的原因变量，顾客抱怨及顾客忠诚则构成了顾客满意度的结果变量。

6.1.3 欧洲顾客满意度指数模型

在 SCSB 模型和 ACSI 模型的基础上，由欧洲质量组织和欧洲质量管理基金会等共同资助完成，建立了欧洲顾客满意度指数（ECSI）模型。该模型在 ACSI 模型的基础上保留了一些核心概念，如顾客期望、感知质量、感知价值、顾客满意度及顾客忠诚，但是在此基础上进行了一些修改。ECSI 模型去掉了"顾客抱怨"这一变量，主要在于随着顾客抱怨的重要性认识程度的加深，多数国家已经具有相对完备的顾客投诉抱怨系统，对于顾客抱怨影响顾客满意度和顾客忠诚的程度减弱，因此去掉这一变量。但是该模型增加了企业形象作为原因变量，因为其认为企业形象会影响人们的期望值及满意度。除此之外，该模型还将感知价值分为感知硬件价值和感知软件价值。这个模型由 7 个潜变量、20 个观测变量和 10 对因果关系构成。其中，在 7 个潜变量中，形象、预期质量、感知质量硬件、感知质量软件和感知价值是顾客满意度的原因变量，而顾客抱怨和顾客忠诚是顾客满意度的结果变量。值得注意的是，该模型将感知质量细化为硬件和软件两个方面，即在强调企业有形产品质量给消费者带来感知价值的同时，也强调企业无形产品质量对消费者感知价值的影响。ECSI 模型如图 6-3 所示。

此外，ECSI 模型增加了另一个潜在变量——企业形象。它是指顾客记忆中和组织有关的联想，这些联想会影响人们的期望值及满意与否的判别。态度和预测人们行为的行为意图在机能上相联系。因此，作为一种态度的企业形象也对属于行为意图的顾客忠诚有影响。

值得说明的是，ACSI 模型从 1996 年以后才针对耐用品类商品分别测度其产品质量和服务质量。但是 ECSI 模型在针对所有行业的测评中，都将感知质量统一地拆分为针对产品的质量评判（Hardware Perceived Quality）和针对服务的质量评判（Software Perceived

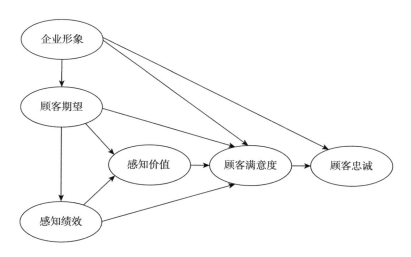

图 6-3 ECSI 模型

Quality)。同时,ECSI 模型将顾客忠诚的标识变量转变为三个:顾客推荐该公司或该品牌的可能性、顾客保持的可能性、顾客重复购买时是否会增加购买量。

6.1.4 中国顾客满意度指数模型

在国外顾客满意度模型研究的基础上,清华大学、中国质量协会等研究机构经过 8 年时间,在遵循模型要有充分理论支持、模型的输出要有广泛的可比性、模型设计要借鉴国外研究成果、模型要反映中国顾客特点的思想原则下,设计完成了中国顾客满意度指数(Chinese Customer Satisfaction Index,CCSI)模型。该模型是根据中国国情对模型结构和测评指标体系进行必要的改造后建立起来的具有中国特色的质量测评方法。模型包括品牌形象、预期质量、感知质量、感知价值、顾客满意度和顾客忠诚 6 个变量、11 种关系,如图 6-4 所示。

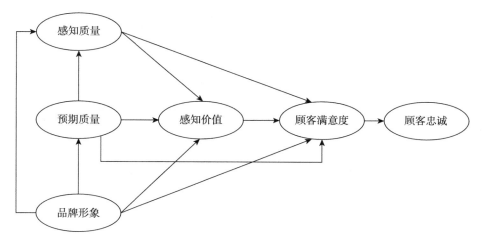

图 6-4 CCSI 模型

(资料来源:国家质检总局等,2003)

该模型主要参考 ACSI 模型和 ESCI 模型，将 ECSI 的感知硬件价值和感知软件价值合并成感知价值，由六个潜变量、11 对因果关系构成。在六个潜变量中，品牌形象、预期质量、感知质量和感知价值是顾客满意度的原因变量，顾客忠诚是顾客满意度的结果变量，并将"企业形象"变量替换为"品牌形象"，使这个概念的界定更加明确。在这个模型中，影响顾客满意度的因素有四个：品牌形象、预期质量、感知质量和感知价值。其中，顾客的预期质量，也是顾客期望，它包括顾客过去的消费经验和对产品质量在未来提高的预期两部分，即顾客过去对某一种产品或服务的消费经历，或通过媒介等渠道得到的信息等。预期质量会直接影响感知质量、产品感知价值和顾客满意度。感知质量指的是顾客根据最近的消费经历与服务得到的信息等，它受到顾客对其预期质量的影响，同时对顾客满意度有直接的正向影响。感知价值是顾客对一种营销供给物的总利益与总成本之差所做出的主观评估。感知价值影响顾客满意度，而且受到预期质量和感知质量的影响。顾客满意度有两种结果：抱怨或忠诚。其中，顾客抱怨负向影响顾客满意度，它指的是顾客对产品性能或服务质量提出的抱怨，它甚至会影响其他顾客对产品和企业的态度与行为。顾客忠诚是顾客从某个产品/服务供应商处再次购买的心理倾向，它与顾客抱怨负相关，与顾客满意度正相关。

6.1.5　国内外顾客满意度指数模型评述

SCSB 模型是最早建立的全国性顾客满意度指数模型，其满意度的前导变量有两个：顾客对产品/服务的价值感知，顾客对产品/服务的期望。满意度的结果变量是顾客投诉和顾客忠诚度。忠诚度是模型中最终的因变量，可以作为顾客保留和企业利润的指示器。模型中的这些隐变量（Latent Variable，LV）都是通过显变量（Manifest Variable，MV）来间接衡量的，该模型具有很大的影响力，学术界在此基础上做了许多拓展性的研究。

SCSB 模型推出后，在实践中受到了质疑：价值感知对满意度的影响是必然的，但是价值因素和质量因素相比，哪方面更重要？由于顾客对不同产品和服务的质量感知是有差别的，如果在模型中加入质量感知变量，如何衡量？等等。Fornell 等（1996）认为，将质量感知纳入模型中可以进行质量因素和价值因素对满意度作用大小的比较，同时，也可以考察它们两者之间的联系。根据 Deming（1981）与 Juran 和 Gryna（1988）的发现，质量感知主要包括两个部分——产品/服务满足顾客需求的程度，以及这些需求满足的可靠程度，因此可以从这两个方面来分别衡量质量感知。

通过上述经典顾客满意度指数研究模型的文献回顾可以看出，产品的感知质量、企业的品牌表现、品牌个性及其企业形象，会影响顾客的感知价值和满意度。这为我们构建电子政务信息服务质量公众满意度模型提供了理论依据。

6.2 研究假设及模型构建

6.2.1 变量的选取

在整合 ACSI、ECSI、CCSI 模型的基础上,根据电子政务信息服务质量的特点,剔除了重复无用的因素,保留了公众期望、感知质量、感知价值和公众满意度等因素;由于在电子政务网站的信息服务中,公众的忠诚度无法直接体现,而是体现在公众对电子政务网站的参与度、信任度及对电子政务活动的支持程度上,结合 Coolesca(2008)、Thompson(2014)、Tassabehji(2006)等对电子政务信任的研究,这里采用"公众信任"这一变量来替代"顾客忠诚";而在 ECSI 和 CCSI 模型中将"企业形象""品牌形象"代替了"顾客抱怨",如何减少顾客(公众)抱怨,这里则可以通过提升政府的形象来实现。因此,这里引入"政府形象"这一变量来反映公众在体验电子政务网站信息服务之后,对政府的态度和评价。各变量及其说明见表 6-2。

表 6-2 变量选取

变量名称	说明
感知质量	公众在使用网站信息服务之后对其质量的实际感受
感知价值	感知价值是公众综合信息服务质量、便利性及内容等以后对其所获利益的主观感受
公众期望	公众对服务满足自身期望的主观估计
公众满意度	公众满意度反映了公众对服务满足自身需求程度的总体态度
公众信任	公众对政府网站服务给予的期许和其能力的肯定
政府形象	公众在体验过政府网站服务之后,对政府形象的总体态度和评价

6.2.2 研究假设与概念模型

结合表 6-2 所选取的变量,将各变量关系阐述如下:

1. 公众期望与感知质量、感知价值和公众满意度的关系假设

在回顾经典满意度模型中,可以发现,公众期望与感知质量、感知价值和顾客满意度之间有直接的作用,并且都作为模型的前因变量。龚子英(2008)证明公众期望与感知质量存在正向相关关系,公众期望与公众满意度存在负向相关关系。龚莎莎(2009)对电子政务公众满意度模型的研究结果表明公众期望与感知价值存在正向相关关系。因此,本书提出以下假设:

假设1：公众期望与感知质量存在正向相关关系。

假设2：公众期望与感知价值存在正向相关关系。

假设3：公众期望与公众满意度存在负向相关关系。

2. 感知质量与感知价值、公众满意度的关系假设

感知质量是公众在使用政府网站信息服务以后对其质量的实际感受；感知价值是公众综合信息服务质量、便利性及内容等以后对其所获利益的主观感受；公众满意度反映了公众对服务满足自身需求程度的总体态度，是公众对政府服务所期望的绩效与实践感知绩效进行比较的结果。感知质量越高，公众感知收获则越大；政府网站信息服务感知质量越高，满足公众需求程度总体也会越高，即公众越满意。龚莎莎（2009）证明感知质量与感知价值、公众满意度存在正向相关关系。因此，本书提出以下假设：

假设4：感知质量与感知价值存在正向相关关系。

假设5：感知质量与公众满意度存在正向相关关系。

3. 感知价值与公众满意度的关系假设

公众在使用电子政务网站后，对网站信息服务质量、便利性、办事效率等评价的高低将直接影响公众的满意程度。邹凯、包明林（2016）验证了感知价值正向影响公众满意度。因此，本书提出以下假设：

假设6：感知价值与公众满意存在正向相关关系。

4. 公众满意度与政府形象、公众信任的关系假设

公众在体验过电子政务某项信息服务之后，如果实际感知效果与期望值匹配或超过期望值，就会满意或高度满意，则会促使其二次体验，政府在公众心里的形象也会提升，公众对电子政务的信任和对政府工作的支持也会提升。相反，如果实际感知效果低于期望值，公众就会不满意，对服务产生抱怨，则会影响政府的形象，最终导致对政府的不信任。因此，在电子政务信息服务中，公众满意度高可以提升政府形象，促进公众信任和支持。周虎（2012）在研究政府信息公开公众满意度时，验证了公众满意度对政府形象和公众信任的正向关系。因此，本书提出以下假设：

假设7：公众满意度与政府形象存在正向相关关系。

假设8：公众满意度与公众信任存在正向相关关系。

5. 政府形象与公众信任的关系假设

公众对于政府网站信息服务的印象越好，则会促进其对政府的信任，进而愿意再次接受服务，并参与政府网站的互动活动。周虎（2012）论证了政府形象对公众信任的正向影响关系。因此，本书提出以下假设：

假设9：政府形象与公众信任存在正向相关关系。

根据以上各变量的关系假设，构建出电子政务信息服务公众满意度研究概念模型，如图6-5所示。该模型一共包含六个变量和九种相关关系。

第 6 章 电子政务信息服务质量公众满意度模型与实证研究

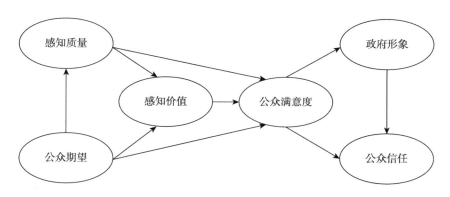

图 6-5 概念模型

6.3 实证分析

6.3.1 问卷设计及测量

本研究在对专家、典型用户进行访谈的基础上设计问卷,采用成熟的测量量表,根据公众的习惯用语进行设计。本次问卷主要包含两个部分。第一部分为公众满意度调查,要求受调查者根据个人的亲身体验及实际情况进行打分,采用李克特 5 级量表,设置"非常不同意""不太同意""一般""比较同意""非常同意"五个选项。第二部分为受调查者的基本资料,围绕性别、年龄、教育程度和职业展开。问卷设计以模型构念为依据,参考国内外学者的研究成果,针对模型中感知质量、公众期望、感知价值、公众满意、政府形象、公众信任六个构念,设计了 33 个测量题项。拟研究电子政务信息服务质量的构念及测量指标见表 6-3。

表 6-3 拟研究电子政务信息服务质量的构念及测量指标

构念	测量指标	来源
感知质量	网站运行稳定,加载速度快,导航链接正常	朱娜(2014) 戴炜轶,等(2013) 池嘉楣(2008) 于施洋,等(2016) 廖敏慧,等(2015)
	网站能够抵御黑客及病毒攻击,保障用户信息安全	
	网站易学易操作,结构清晰,布局合理,检索方便快捷	
	网站视频、音频、表格指南等附件可以正常查看和下载	
	信息内容丰富、全面	
	信息内容真实、准确	
	信息内容新颖、及时	
	信息内容适用,满足我的信息需求	
	信息内容组织条理清晰,易懂易理解	
	网站提供即时互动渠道,如 QQ、电话、论坛、在线应答等	

（续）

构念	测量指标	来源
感知质量	网站提供非即时互动渠道，如领导信箱、民意征集信箱、邮箱等	朱娜（2014） 戴炜轶，等（2013） 池嘉楣（2008） 于施洋，等（2016） 廖敏慧，等（2015）
	网站会将拟解决的问题及有关信息提前告知公众	
	网站会进行在线调查，听取用户对热点问题/工作重点的建议	
	服务的易获取性	
	在线咨询的回复专业可信，能解决实际问题	
	建议和投诉能得到重视和回应	
公众期望	公众对电子政务服务质量的整体期望	余旋（2014） 龚莎莎（2009） 温新民（2016）
	公众对电子政务服务可靠性的期望	
	公众对电子政务服务需求满足程度的期望	
感知价值	公众使用电子政务网站获取服务的低成本性	谢人强（2015） 王欢明（2015）
	公众利用电子政务网站网上办事的高效率性	
	公众使用电子政务网站获取了更多的知识	
公众满意度	公众整体满意程度	龚子英（2008） 龚莎莎（2009） 张尧（2014）
	与期望质量相比的满意程度	
	与理想质量相比的满意程度	
政府形象	信息的公开和透明度	池嘉楣（2008） 唐微曙（2011） 周虎（2012）
	电子政务在线办事效率高	
	政府部门责权分明，遇到问题不推脱	
	电子政务网站对公众反馈意见及疑问解答的受理情况	
	电子政务网站接受公众投诉监督的畅通程度	
	在线政府部门人员业务素质	
公众信任	公众对于电子政务服务提高的信任程度	余旋（2014） 赵砚（2016）
	公众对于政府进行电子政务的支持程度	

6.3.2　数据收集

本研究以四川省人民政府网站（http://www.sc.gov.cn/）为主要研究对象，问卷的发放和收集主要采用网络收集方式。利用问卷星调查网站发布问卷，以及通过目前流行的社交软件进行扩散来收集调查问卷；本次调查总共收集问卷 360 份，剔除其中的无效问卷，最终得到问卷 329 份，问卷有效率为 91.4%。

6.3.3　信度与效度分析

信度即可靠性，用以反映相同条件下重复测量结果的稳定性与一致性。本研究通过 Cronbach's α 来进行信度评价，只有当该值大于 0.7 时才予以保留。采用问卷信度分析方法，利用 Cronbach's α 测量，同样要求该值大于 0.7 才具有良好的可信度。本研究分别对公众期望、感知质量、感知价值、公众满意度、政府形象和公众信任进行分析，信度分析结果见表6-4。

表6-4 信度分析

变量	公众期望	感知质量	感知价值	公众满意度	政府形象	公众信任	总信度
Cronbach's α	0.85	0.905	0.713	0.785	0.855	0.774	0.937

从表6-4中可以看到，所有变量的Cronbach's α值均大于0.7，说明问卷稳定性和可靠性较高，具有良好的内部一致性，符合研究要求。

效度检验采用因子分析法，因子分析的功能在于协助研究者进行效度验证。但是在使用该方法之前需要判断是否符合因子分析条件，常用的办法是对数据进行巴特利特球形检验和KMO检验。在因子分析之前，先用SPSS计算得到问卷KMO值为7.560，大于0.5，说明问卷适合做因子分析。然后采用主成分分析法提取因子，采用最大方差法进行因子旋转，以特征值大于1作为提取标准，提取五个特征值大于1的因子，前五个因子总体解释了结果变量的65.756%，达到萃取共同因素积累变异量60%的标准，表示共同因素是可靠的，问卷的建构效度较好。效度分析结果见表6-5。

表6-5 效度分析结果

构念	因子载荷	KMO值
公众期望	0.870	0.725
感知质量	0.697	0.913
感知价值	0.768	0.652
公众满意度	0.846	0.696
政府形象	0.788	0.860
公众信任	0.903	0.540

6.3.4 模型验证

将数据导入AMOS17.0中，对现有数据进行拟合度分析，与标准路径系数进行对比之后，选择误差变量间相关修正指标比较大的路径进行修正，修正前后的拟合度指数变化见表6-6。通过模型的校正，模型的适配度更加接近标准拟合度，并且优于修正前拟合度。

表6-6 模型修正前后的拟合度指数对比

指标量	CMIN/DF	GFI	AGFI	NFI	IFI	CFI	RMSEA
修正前	2.12	0.824	0.798	0.788	0.876	0.875	0.061
修正后	1.99	0.838	0.814	0.802	0.891	0.890	0.058

虽然经过模型修正之后，模型的拟合度没有达到最高要求，但是GFI、AGFI、NFI、IFI和CFI指标值均大于0.8，略小于0.9，在可接受范围内，同样RMSEA值为0.058，小

于 0.8，CMIN/DF 值小于 3，说明拟合度符合要求，总体来说，各变量之间存在良好的结构关系，并得出模型路径分析，如图 6-6 所示。

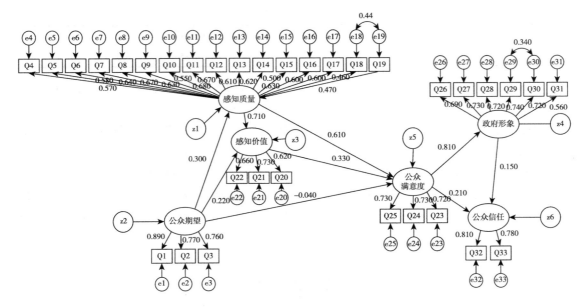

图 6-6　模型路径分析

模型验证结果表明：本书提出的九个假设，除假设 3（公众满意←公众期望）不成立外，其他八个假设均是成立的，结果见表 6-7。

表 6-7　模型验证结果

假设	未标准化路径系数	标准化路径系数	P 值	研究结论
感知质量←公众期望	0.240	0.300	***	成立
感知价值←公众期望	0.170	0.220	***	成立
感知价值←感知质量	0.720	0.710	***	成立
公众满意度←感知质量	0.720	0.610	***	成立
公众满意度←公众期望	−0.030	−0.040	0.468	不成立
公众满意度←感知价值	0.380	0.330	***	成立
政府形象←公众满意度	0.820	0.810	***	成立
公众信任←政府形象	0.170	0.150	***	成立
公众信任←公众满意度	0.240	0.210	***	成立

注：*** 代表 $P<0.001$。

6.3.5　研究结果与对策建议

1. 研究结果

针对上一节模型分析的结果，进行讨论：

1)公众期望与感知质量(0.300)、感知价值(0.220)具有显著的正向关系。公众期望与公众满意度(-0.040)存在负相关关系,但是由于显著性水平低于0.05,因此它们之间的影响不大。这是因为目前我国的电子政务还处于初级阶段,公众对政府门户网站的认识及熟悉程度不高,还没有积累起足够的经验来理性调整自身的期望值。此外,我国目前的电子政务服务水平还没有达到公众的理性要求。

2)感知质量与感知价值(0.710)、公众满意度(0.610)存在显著的正向相关关系。感知价值同样显著影响公众满意度(0.330)。在影响公众满意的因素中,感知质量影响最大,说明要想使得公众满意,政府门户网站应当为公众提供高质量的信息服务,应在这方面投入更多精力。

3)公众满意度对政府形象(0.810)、公众信任(0.210)的影响显著。政府形象对公众信任(0.150)的影响同样显著。政府形象是公众通过政府门户网站与政府进行交流之后对政府服务表现的评价和感知,如果公众满意度高,那么政府在公众心中的形象就会提升,同时会促进公众和政府之间的信任感,也会促使公众越发支持政府的工作,增强对电子政务的信任感。因此,政府门户网站在服务中要重视在公众心中树立良好的政府形象,以"公众需求"为导向,规划和设计与公众的工作、生活密切相关的信息服务栏目,以体现政府对公众的关心和服务形象,进而提升公众的信任度。

4)在感知质量中,指标影响较大的有网站信息内容新颖及时(0.680)、网站信息内容丰富全面(0.630)、网站信息内容满足信息需求(0.670),这说明在感知质量中,公众对于信息质量的要求很高,信息质量是政府提供网站服务的重要指标。网站附件和音视频等能够正常查看与下载(0.670),这也是另外一种信息获取方式,主要体现在网站的技术水平上,如对于一些政策、通知等文件或音视频,要保障公众能够正常使用;网站易学易操作性(0.640),这是由于公众的教育水平、背景及网络熟悉程度不同导致使用水平差异。因此,网站提供的易操作性也成为衡量标准。网站提高告知性(0.630),这体现在与公众互动环节,将事项提前告知有助于公众做好应对准备,避免产生公众抱怨。这些环节是未来门户网站建设的重点。

5)公众期望中对电子政务服务质量的期望(0.890)影响最大,这说明公众对于电子政务服务质量的期望值较高。一方面,公众议政参政的意识提高;另一方面,公众在物质生活得到满足的基础上,对浏览政府网站过程中的愉悦性等信息服务需求在增强。公众最重要的需求在于获取高质量的信息服务。

6)政府形象中影响最大的是网站能够及时回复公众的反馈意见与疑问(0.740),政府工作在线办事速度快(0.730)次之。即时听取公众的意见及回复公众的疑问,能够更快地知道公众的需求和关心的问题,以便更好地解决问题,进而满足公众的需求。同理,政府的在线办事速度在很大程度上决定了公众对于网上办事的满意程度,公众越满意,政府形象越好,公众越信任。

2. 对策建议

1)公众期望虽然和公众满意度的直接关系不显著,但是通过相关因素间接影响公众满意度。因此,在电子政务网站建设中,设计者应该着眼于公众期望,了解公众期望与实际感知之间的差距,找到影响公众满意度的因素,进而找到解决的对策。

2)提高电子政务的服务质量,不仅仅是在系统质量和信息质量方面考虑,还要在公众的参与程度及服务效能上下功夫。这也反映了提高服务质量需要以双方互动的形式,在保证提供基本的服务基础上,还要保证服务的有效性。网站的感知质量与公众满意度之间存在显著的正向关系,网站能够满足公众的需求,服务于公众,就能够提高公众满意度。

3)树立良好的政府形象。服务质量除了本身的属性之外,还取决于人的作用。因此,政府网站工作人员的服务态度、服务的即时性、服务的效率和责权意识等都将影响政府形象,进而影响公众满意度和信任度。除此之外,政府接受投诉和监督处理的畅通程度,以及公众建议/疑问处理的及时性和有效性,也影响着政府在公众心中的形象。如果公众的投诉/建议得不到反馈,疑问得不到很好的解答,这势必会影响政府在公众心中的形象。因此,完善互动模块、加强网站的监督功能、提高与公众交互的工作效率是政府网站建设的重要工作。

第7章 电子政务在线服务质量优化模型的构建与验证

Mazur（1993）提出了适用于服务业的全面质量功能展开 QFD，核心内容为"质量—功能—过程—任务"。基于 QFD 的服务质量改进方法已被学者应用到航空、证券、物流、图书馆、电子商务、汽车售后、医疗、教育等多个服务领域，这些研究为 QFD 在政府网站服务质量改进中应用的可行性提供了支撑。在学术界呼吁政府网站的服务应"以用户为中心""以用户需求为导向"的背景下，QFD 在电子政务服务设计与质量优化方面将大有可为。实质上，QFD 是以质量屋为分析工具，以决策和优化分析技术为指导的产品和服务设计方法，质量屋搭建完成之后即完成了"需求什么"到"如何去做"的转换。质量屋是 QFD 为实现需求展开的基本工具，主要作用是量化用户需求与服务质量功能特性之间的关系，找出对满足需求贡献最大的功能特性，从而对服务质量的改进提供决策性的指导，其中应用于服务业的质量屋的基本结构如图 7-1 所示，本章搭建的电子政务在线服务质量优化模型便以此为基础。

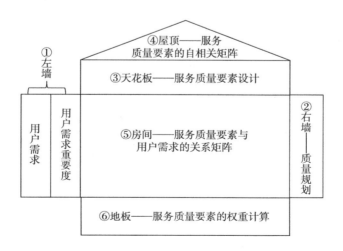

图 7-1 应用于服务业的质量屋的基本结构

7.1 确定公众需求及其重要度

用户需求的获取及其重要度的确定作为质量屋的输入,是服务质量改进的依据和源头,其准确度是整个改进模型是否有效的决定性因素。曹菁等(2005)采用系统科学的思想认为电子政务出现的问题,虽然理论上是电子政务的复杂性造成的,但从实践来看,却是由于电子政务建设过程中忽略以公众需求为导向造成的。根据电子政务在发达国家的经历,需求分析在电子政务发展战略中占相当重要的位置(唐协平等,2007)。因此,以公众的需求为导向,坚持以公众为中心,是电子政务在线服务建设的重要指导思想。在研究电子政务用户的在线服务质量需求之前,需要明确"用户"有哪些。根据电子政务的模式可以看出,电子政务的服务对象即电子政务的用户可以是政府内部的,也可以是政府外部的,外部用户又可分为普通公民、企业用户,本书所选择的研究对象为政府对公民的电子政务在线服务模式,因此本书研究的"用户"主要是指在日常的工作、生活中会用到电子政务网站的普通公民,因此称其为公众需求。

7.1.1 收集公众需求

收集用户需求的方法主要有问卷调查法、网站调研法、访谈法、文献研究法、收集用户投诉、用户评价及用户纠错等,通过这些方法收集到的信息为用户需求原始数据,然后结合亲和图法(也称KJ法)等分类方法对收集到的用户原始需求进行分类整理,剔除重复的需求,归类得到最终的用户需求项。本书主要收集普通公民对电子政务在线服务质量的需求,结合电子政务在线服务的实际情况及公众的自身特点,主要采用网络调研法、访谈法、文献研究法收集公众需求的原始数据。

1. 网络调研法

电子政务主要是通过政府网站向公众提供在线服务,一般的政府网站都设置了"留言板",公众在现有网站上没有得到解决的问题可以通过留言板写下来,会有相关的工作人员进行回复。此外,部分政府网站还设置了"意见与建议""我要纠错"等栏目,希望网站的用户能够将其在服务体验过程中的意见、想出的好点子及发现的错误通过这些栏目传递给政府有关部门。因此,网站调研的主要目的是收集政府网站上用户提出的问题、意见、建议等能够反映用户体验和需求的原始信息。

2. 访谈法

访谈法是指通过邀请使用过政府网站或有使用意向的公众进行面对面的访谈,记录其对电子政务在线服务质量的需求。这种方法虽然能够直接与用户接触得到非常有效的需求信息,但耗时费力,邀请的人数有限,因此邀请的对象一定要有代表性。为节约时间,应对访问流程及内容进行提前规划。为尽可能全面地了解公众对电子政务在线服务质量的需求，访问过程中可以从信息服务和事务处理两个方面进行引导提问。结合实际情况，现将本次研究访谈的流程与内容做出规划，如图 7-2 所示。

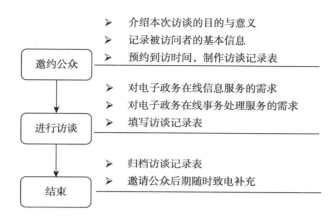

图 7-2 访谈规划

3. 文献研究法

电子政务在世界范围内得到蓬勃发展，在线服务质量成了发展的瓶颈，以顾客需求为导向的思想被学者广泛接受，因此涌现了大量有关电子政务服务评价和用户需求的文献。通过研究这些文献，可以发现电子政务的发展趋势，提取能够反映公众需求的信息。

7.1.2 公众需求整理

通过网络调研法、访谈法、文献研究法较为全面地收集了公众关于电子政务在线服务需求的原始信息。由于原始信息的贡献者有着不同的文化程度与思维方式，因此原始需求信息的表达方式存在诸多差异。为方便整理和分类得到的原始需求信息，并将其转化成能与质量屋完美结合的表达形式，本书提出了统一的需求表达范式，要求需求的表达应具有简短性、肯定性、单一性，每项属性的具体解读见表 7-1。在统一需求范式之后，调查小组的成员对收集到的原始需求信息进行初步转化，转换成符合该范式的表达形式，随后采用 KJ 法对转化后的需求进行整理归类。

表 7-1 需求范式

属性	解读
简短性	用一个具有完整意义的词或短语表达
肯定性	肯定语气，不含否定性、描述、对比性用词
单一性	表达的意思没有歧义，需求明确，不含其他无关信息

KJ 法是 1970 年前后由日本学者川喜田二郎提出的、一种质量控制（QC）小组常用的质量管理工具。该方法能够从较为复杂的信息中，用一定的方式来整理思路，抓住思想实质，找出解决问题的新途径。它能对各类问题与因素，通过对搜集的原始语言资料进行整理并结合关联图和头脑风暴法，进行分类处理（田海霞，2008）。下面将详细介绍运用 KJ

法对转化后的需求信息进行归类处理的步骤。

1）将转化后的需求信息分别记录在矩形小纸片上，作为三级需求，再把完成的小纸片整齐地排放在桌面上，若发现所表达的需求相同则保留一张最符合需求范式的，丢弃其余的。

2）将所表达的需求相近的小纸片并列放在一排组成一个小组，对每个小组进行归纳，总结出能够代表各组情况的二级需求，反复检查分组情况，若有不妥之处立即调整。

3）对相近的二级需求进行分组，从而归纳出一级需求，同样需要反复检查确认，最终形成需求归类 KJ 图如图 7-3 所示。

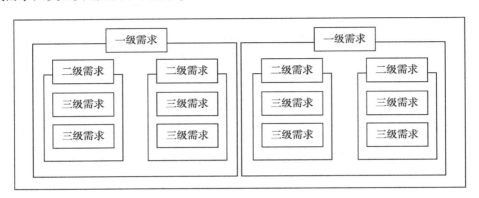

图 7-3　需求归类 KJ 图

根据上述步骤总结出各级需求，形成公众需求展开表，样式见表 7-2，用三级需求作为质量屋左墙的公众需求，用 CR_k 代表公众的第 k 个需求，$k=1,2,\cdots,n$。

表 7-2　需求展开表样式

一级需求	二级需求	三级需求
服务质量需求	实用性	信息通俗易懂 CR_1
		与用户相关 CR_2
	及时性	更新及时 CR_3
		回复及时 CR_4
……	……	……

7.1.3　初始重要度

通过问卷调查的方式，在问卷中直接设计重要度一栏，获得公众对需求 CR_k 重要度的打分，采用李克特五级评分法，1→5 代表不重要→非常重要，见表 7-3。用 X_{ik} 代表第 i 个公众对第 k 个需求的重要度打分（$i=1,2,\cdots,m$），需求 CR_k 的重要度得分为 X_k，取每一项需求的平均重要度为初始重要度，具体计算公式如式（7-1）所示。确定了公众需求及其重要度，即搭建完毕质量屋的左墙。

$$X_k = \frac{1}{m}\sum_{i=1}^{m} X_{ik} \tag{7-1}$$

第7章 电子政务在线服务质量优化模型的构建与验证

表7-3 需求重要度打分表

公众需求	重要度				
CR_1	1	2	3	4	5
CR_2	1	2	3	4	5
……	……				

7.2 质量规划

用户需求的获取解决了"改进什么"的问题,质量规划则解决了"重点改进什么""各项需求要改进多少"的问题。质量规划与传统质量屋中的市场评估矩阵一致,包括市场竞争能力分析和顾客需求最终重要度的确认。为了明确改进方向,需将其他地区电子政务在线服务与本处电子政务在线服务在满足各自公众需求方面进行对比评估。结合评估结果、改进目标及目前的实际情况确认计划目标,利用KANO模型修正提高率并确定最终的公众需求重要度。

7.2.1 竞争性评估

竞争性评估是指对本公司的服务和竞争企业的服务在满足顾客需求程度上的评估。政府网站是电子政务向公众传递服务的平台,对于待改进在线服务质量的政府网站来说,可选择国内外同层次政府网站中服务水平排名靠前的作为"竞品"。

由于电子政务网站用户分布具有一定的区域性,即本地的用户较少了解和使用其他地区的政府网站,若采用问卷让用户来进行评估则结果可靠性较低,因此本书的竞争性评估由质量改进小组来完成,质量改进小组的成员需从用户的需求出发,通过对所研究的政府网站进行充分考察和实地体验,讨论待改进网站和"竞品"在满足用户各项需求方面所达到的程度,同样采用五分制,1→5代表完全不满足→完全满足,其中待改进网站的竞争性评估分值用P表示。表7-4是质量改进小组对待改进网站与两个"竞品"网站在满足公众需求CR_1上的竞争性评估。

表7-4 竞争性评估

	评估分值				
待改进网站	1	2	③	4	5
竞品1	1	2	3	④	5
竞品2	1	2	3	4	⑤

7.2.2 计划目标

计划目标包括计划质量(PQ)、初始水平提高率(IR_0)、修正后的提高率(IR_1)。计划质量是指政府对该项公众需求期望达到的满足程度,由质量改进小组结合"竞品"的竞争性评估分值及待改进网站的评估分值（P）经充分讨论而确定。初始提高率（IR_0）＝计划质量（PQ）/待改进网站的竞争性评估分值（P）。若 $IR_0 > 1$，则表示需针对该项进行相应改进；若 $IR_0 \leq 1$，则表示针对该项需求保持原有的服务质量即可。例如，在表7-4中满足 CR_1 的程度，待改进网站 P＝3，两个优秀的"竞品"网站评估分值分别为4和5，可以看出在这项需求上已经有网站做到了完全满足的程度，而待改进网站做得一般，提升空间较大，考虑到实际情况，可将 PQ 设置为4，则 $IR_0 = 4/3$。

实际上，并不是所有需求的增长都会带来用户满意度的增长。基于此，本书运用 KANO 模型来描述用户感知的服务或产品的实际表现与顾客满意度之间的关系，并将需求分为五类——兴奋需求（E）、期望需求（O）、无差异需求（I）、基本需求（M）、逆向需求（R），有利于更加精确地理解顾客需求，并对需求的重要度进行调整，弥补了传统 QFD 对需求理解的缺陷。Tan 和 Shen（2000）提出了一个用于修正原始改进率的近似变换函数，将修正的改进率与初始重要性相乘得到顾客需求最终重要度。顾客满意度和产品/服务的客观表现之间的关系可表示为 $s = f(k,p)$，其中，s 表示顾客满意度，p 代表产品/服务的客观表现，k 为 KANO 分类参数，由最后的分类结果赋值取得，兴奋需求 $k > 1$，期望需求 $k = 1$，基本需求 $0 < k < 1$。他们还提出了顾客满意度的计算等式：$s = cp^k$，c 为常数。用于修正原始改进率的近似变换函数为

$$IR_{adj} = (IR_0)^{\frac{1}{k}} \tag{7-2}$$

式中，IR_0 为原始改进率；IR_{adj} 为修正改进率，表示为达到预期改进率产品/服务客观表现需达到的改进率。k 值越大，为实现 IR_0，则 IR_{adj} 就越小。k 值的选择主要根据 QFD 实施者的经验和知识，选择过于主观，而 k 值直接影响最终的决策结果，可能出现基本需求被高估、兴奋需求被弱化的风险，因此这种方法存在一定的不足（Jose 等，2008）。

通过仔细阅读相关文献得出具体的实现过程，本书也将利用该方法进行顾客需求重要度的最终确定：最终重要度＝原始重要度 × IR_{adj}。传统的 KANO 模型没有考虑顾客对每个质量属性的感知重要度，因此它需要结合其他的方法一起使用，例如联合分析、QFD、FMEA 等（何林，2013）。为突破这种局限，本书引入模糊集中的非对称三角模糊数对其进行定量化分析。

本书用于修正原始提高率的近似变换函数见式（7-2），将修正的提高率与初始重要性相乘得到用户需求最终重要度。在一些研究 QFD 和 KANO 结合的文献中，将分类参数 k 进行了不同的赋值，结合研究的实际情况，本书中 k 赋值的情况为：兴奋需求 $k = 2$，期望需求 $k = 1$，基本需求 $k = 0.5$。由式（7-2）可以得出修正后的提高率 IR_1。首先要确定收集的需求所属的 KANO 分类，则需使用 KANO 问卷调查表（见表7-5）收集用户在满足和不满足各项需求时的态度，再使用 KANO 分类表（见表7-6）对各项需求进行分类，确定分类参数 k。表7-6中的字母 E 对应兴奋需求，O 对应期望需求，M 对应基本需求，I 对应无差异需求，R 对应逆向需求，Q 对应可疑需求。例如，某项用户需求在得到满足时顾客觉得理应如此，在不满足时觉得不满意，根据 KANO 分类表即可得出此项需求是基本需求（M）。

表 7-5　KANO 问卷调查表

用户需求	满意	理应如此	无所谓	可以忍受	不满意
满足时		✓			
不满足时					✓

表 7-6　KANO 分类表

满足该项用户需求时感到：	不满足该项用户需求时感到：				
	满意	理应如此	无所谓	可以忍受	不满意
满意	Q	E	E	E	O
理应如此	R	I	I	I	M✓
无所谓	R	I	I	I	M
可以忍受	R	I	I	I	M
不满意	R	R	R	R	Q

7.2.3　确定最终重要度

获取公众的电子政务在线服务质量需求后,将通过问卷调查了解公众心中各项需求的重要程度,得到各项需求的初始重要度。再通过市场竞争分析,评估待改进对象与其他标杆在满足公众需求方面的相对情况,据此设定计划的目标质量,得出初始提高率。利用 KANO 模型确定用户需求的 KANO 分类,然后对质量提高率进行修正,得出最后的修正提高率。经过这样的流程处理,对公众需求的理解更加准确了,根据上面得出的初始重要度和修正后的提高率即可求得最终的公众需求重要度,即最终的绝对重要度(LW) = 初始重要度 × 修正后的提高率(IR_1),相对重要度(AW) = (LW/所有需求项的 LW 之和) × 100%,因此 CR_1 的 LW = 5 × 1.78 = 8.9,若所有需求项的最终重要度之和为 100,则它的相对重要度为 0.089(见表 7-7)。

表 7-7　质量规划表(含示例)

用户需求	初始重要度	竞争性评估			计划目标			最终重要度	
		待改进网站	竞品1	竞品2	计划质量 PQ	初始水平提高率 IR_0	修正后的提高率 IR_1	绝对重要度 LW	相对重要度 AW
CR_1	5	3	4	5	5	1.33	1.78	8.9	0.089
CR_2									
…					……				

7.3 服务质量要素展开

7.3.1 服务质量要素设计——天花板

服务质量要素是指实现用户需求的相关"技术"要求,即如何满足用户的需求,是用户需求映射变换的结果,位于质量屋天花板处。质量屋中设计的服务质量要素应能够满足左墙罗列出的公众对于电子政务服务质量的要求,一些与用户需求无关的要素应删除,即保证所设计的要素与用户需求具有关联性。服务质量要素与用户需求之间的关系不局限于一对一,一个需求可以被多个服务质量要素满足,一个服务质量要素也可以满足多个用户需求,这种关系是多相关性的。设计服务质量要素时,需全面考虑,尽可能兼顾所有被提出来的用户需求。此外,还需结合改进对象的实际情况设计出目前能够达到的、具有可实施性和可度量性的服务质量要素。所以,服务质量要素的设计应满足全局性、针对性、实际性、可测量性,才能保证质量功能的顺利展开。

在收集和整理出用户的关键需求之后,结合改进对象所属部门的实际情况,并参考现有的文献资料,找出能够保证这些需求实现的关键服务质量要素,作为质量屋天花板的数据,实现用户需求向服务质量功能的展开。可以参考电子政务服务质量要素相关文献及其他领域基于 QFD 的质量优化案例中设计服务质量要素的思路,还可以直接在网上调研,将电子政务领域在线服务质量更高的一些政府网站作为标杆,提取网站中与待改进网站用户关键需求相关的服务质量要素。

结合以上提到的相关策略,最终的电子政务服务质量要素将通过详细的讨论和分析得出,用 E_i 表示第 i($i=1,2,3,\cdots$)个服务质量要素。

7.3.2 服务质量要素的自相关矩阵——屋顶

各项要素之间存在着一定的关系,当改变某一项服务质量要素的时候,也可能带动其他要素的改变。服务质量要素的自相关矩阵是一个位于质量屋顶部的三角形矩阵,用来表示各项服务质量要素之间的关联关系,主要有三种形式用来定性地描述各要素之间的自相关关系——正相关、不相关、负相关,分别用 +、空白、− 表示。在确定各项服务质量要素的提高率时,不能片面地提高重要度高的,还需考虑各项要素之间的相互影响和制约。据此,对各服务质量要素进行研究,找出它们之间存在的潜在冲突,修改之前的要素设计,尽量避免矛盾的产生。

正相关:两要素一起朝着相同的方向变化。

不相关:两要素之间不存在相互影响和制约的关系。

负相关:两要素朝着相反的方向变化。

7.3.3 服务质量要素与用户需求的关系矩阵——房间

位于质量屋中间位置的关系矩阵，展现了用户需求和服务质量要素之间的关联程度。由于人力、物力的限制，改进时无法顾全每一个服务质量要素，因此需根据关系矩阵推演出关键服务质量要素，从而进行重点改进。此过程中的关键和难点在于准确地描述各要素与需求之间的关联程度，使选择出的关键要素能够最大限度地满足用户需求。传统的 QFD 采用●、○、△和空白四种形式表示相关程度强、弱、差及不相关，对应分值分别是 9、3、1 和 0。但这种描述形式属于模糊语义且主观性较强，为了将用户需求更加准确地展开，尽可能地降低主观性，本书将应用模糊集理论来处理这些模糊语义。

何桢等（2008）提到可应用模糊集理论来处理这些模糊语义，在隶属度函数未知的情况下，应用基于 α-截集的模糊加权平均法得到各特性的重要度，应用平均水平截集去模糊化方法得到一个可比较大小的精确值，从而得到关键特性，α 的值能表明信息的可能性和不确定程度，值越大，可能性越大，不确定程度越低。本书也将借鉴此方法，采用非对称三角模糊数对过程中的定性描述进行量化。三角模糊数主要用于质量管理和风险管理，令 $\tilde{f}$ 表示模糊集，其三角模糊数表示为 (f_l, f_m, f_u)，f_l 和 f_u 分别为模糊集的下限与上限，f_m 表示可能性最大的值。$(f)_\alpha^U$ 和 $(f)_\alpha^L$ 为 f 在 α（$0 \leq \alpha \leq 1$）截集水平下的上下限，其计算公式如下：

$$(f)_\alpha^U = f_u - \alpha(f_u - f_m) \tag{7-3}$$

$$(f)_\alpha^L = f_l + \alpha(f_m - f_l) \tag{7-4}$$

用 X_i 表示第 i 个（$i=1, 2, \cdots, L$）用户的需求权重，需求权重和关联程度均采用德尔菲法，邀请三位电子政务行业资深的专家对用户需求和服务要素之间的关联度进行打分，打分情况由这三位专家独立判断，专家权重根据其专业水平和工作经验确定。本书的关联程度和重要度量用五个等级来描述，分别为很弱（VL）、弱（L）、一般（M）、强（H）、很强（VH），对应的三角模糊数为 (0, 0, 0.2)、(0, 0.2, 0.4)、(0.2, 0.4, 0.6)、(0.6, 0.8, 1)、(0.8, 1, 1)。

$$(a, b, c) = \sum_{q=1}^{D} d_q(a_q, b_q, c_q) \tag{7-5}$$

式中，(a_q, b_q, c_q) 是第 q 位专家打分的三角模糊数表示；d_q 为第 q 位专家的权重；(a, b, c) 为关联度的最终得分。分别计算出每项用户需求和每项服务质量要素之间的关联程度即可搭建完成质量屋的房间部分，如图 7-4 所示。

7.3.4 服务质量要素的权重计算——地板

服务质量要素的权重即重要度，是由用户需求的最终重要度及用户需求和服务质量要素之间的关联度计算得出，其目的是将服务质量要素进行排序，从而寻找出关键要素，集中资源优化改进。

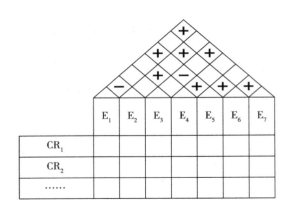

图 7-4　屋顶与房间示例

X_i 表示第 i 个（$i=1,2,\cdots,L$）需求，Y_j 表示第 j 个（$j=1,2,\cdots,M$）服务质量要素，$\tilde{Y}_j$ 为其模糊权重，X_i 和 Y_j 的关系用 $\tilde{R}_{i,j}$ 表示，$\tilde{R}_{i,j}$ 由式（7-5）计算得到，其在 α-截集下的上下限 $(R_{i,j})_\alpha^U$ 和 $(R_{i,j})_\alpha^L$，由式（7-3）、式（7-4）得到。$\tilde{Y}_j$ 在 α 水平下的上下限由 X_i 及 $\tilde{R}_{i,j}$ 来决定，通过式（7-6）计算得到。

$$(Y_j)_\alpha^L = \sum_{i=1}^L X_i (R_{i,j})_\alpha^L, \quad (Y_j)_\alpha^U = \sum_{i=1}^U X_i (R_{i,j})_\alpha^U \qquad (7\text{-}6)$$

通过式（7-6）得到的 $\tilde{Y}_j$ 的 α-截集是一个精确的区间 $[(Y_j)_\alpha^L, (Y_j)_\alpha^U]$，通过平均水平截集（Averaging Level Cut，ALC）去模糊化的方法，得到服务质量要素的最终重要度，计算公式见式（7-7）（于宝琴等，2013）。

$$(Y_j)_{\text{ALC}} = \frac{1}{p} \sum_{i=1}^p \left(\frac{(Y_j)_{\alpha_i}^L + (Y_j)_{\alpha_i}^U}{2} \right) \qquad (7\text{-}7)$$

式中，$\alpha_1,\alpha_2,\cdots,\alpha_p$ 是不同的 α-截集水平，且满足 $0 \leqslant \alpha_1,\alpha_2,\cdots,\alpha_p \leqslant 1$。运用该式计算 Y_j 不同 α-截集的去模糊值，根据该值的大小可对服务质量要素进行排序，根据具体情况，取排名靠前的作为关键服务质量要素，进行重点优化，最大限度地满足用户需求。

7.4　技术竞争性评估和目标值设定

7.4.1　服务质量要素竞争性评估

从技术角度对政府网站上同类服务进行评估，即在提供相同服务质量功能特性下，待改进的政府网站与"竞品"服务能力的对比评估，可找出自身的优势与劣势。评估前，改进小组成员需对待改进对象和所选"竞品"进行深入的调查了解，小组内成员充分讨论后共同给出评估分。评估分值为 1~5 分，分别对应非常差（1 分）、差（2 分）、一般（3

分)、好(4分)、非常好(5分)。最终形成的竞争性评估矩阵位于质量屋的底部,非常直接地展示了待改进对象和"竞品"在各个服务质量要素上的差距与优势,为下一步设计最终的目标质量值提供参考。

7.4.2 关键服务质量要素的 KANO 分类

KANO 模型同样可以用于电子政务服务质量要素的分析,陆敬筠等(2012)基于服务质量理论和 KANO 模型对电子政务的服务质量要素进行了识别,为制定电子政务服务质量优化策略提供了一种新的思路。姚景怡(2017)将 KANO 模型应用于政务网站中信息服务要素的分析,采用问卷调查法和访谈法,以具体的政府网站为例,将其拥有的服务质量要素进行 KANO 分类,最后根据不同类别服务质量要素的分布提出该网站改进的建议。

用于服务质量要素分类的 KANO 模型如图 7-5 所示,本书将利用 KANO 模型对得出的关键服务质量要素进行分类,分类方法与用户需求的 KANO 分类一致。首先创建关键服务质量要素 KANO 问卷调查表,再通过问卷调查的方式获得调查结果,运用 KANO 分类表对收集的结果进行分类统计,取比例最高的类别为该项的最终 KANO 分类。将关键服务质量要素进行 KANO 分类,将有助于改进小组制定出更加科学合理的改进策略。

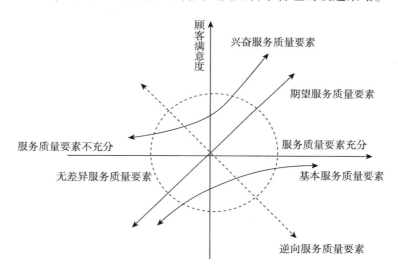

图 7-5 服务质量要素的 KANO 分类模型

7.4.3 设定关键服务质量要素的目标值

关键服务质量要素目标值的设定是质量屋的决策部分,主要包括关键服务质量要素的改进实施难度和目标值。改进小组需对各项服务质量要素改进的难度进行打分,分值为 1~5 分,分别对应非常容易、容易、一般、难、非常难。

在设定各项关键服务质量要素的目标值时,必须充分结合质量屋中的其他参考信息,目标值不能过大,否则难以实现,也不能过小,否则达不到改进的目的。因此,要综合考虑实施难度和要素重要度，参考竞争性评估表中的数据，再结合改进对象自身的实际要求和能力，设定合适的目标值，还必须考虑各要素之间的自相关矩阵，避免同时提高存在负相关性的要素。

最后，结合关键服务质量要素的 KANO 分类制定改进对象在短期、中期、长期内的在线服务质量优化策略，短期内必须满足基本服务质量要素，中期计划要不断优化期望服务质量要素，长期计划中需纳入兴奋服务质量要素的优化策略。在制订改进方案时，优先选择重要度较高且改进难度较低的服务质量要素进行改进。服务质量展开表（模板）见表 7-8。

表 7-8　服务质量展开表（模板）

关键用户需求			关键服务质量要素				
二级需求	三级需求	重要度	E_1	E_2	E_3	E_4	E_5
实用性	CR_1						
	……						
关键服务质量要素权重			$(Y_1)_{ALC}$	$(Y_2)_{ALC}$	$(Y_3)_{ALC}$	$(Y_4)_{ALC}$	$(Y_5)_{ALC}$
KANO 分类							
技术竞争性评估	本项目						
	竞品 1						
	竞品 2						
改进难易度							
目标值							

7.5　验证对象的选择与介绍

7.5.1　验证对象的选择

我国在线服务水平参差不齐，虽然政府网站的普及率较高，但各省市之间的服务质量差距较大，主要体现在行政级别较高的城市整体服务水平高于行政级别较低的城市（丁艺等，2016）。第十五届政府网站绩效评估分别从省级城市、副省级城市、省会城市、地级市、县级市五个层次来呈现地方政府网站的评估结果。省会城市作为全省的发展中心，其政府网站不仅代表了全省政府网站的情况，也是全省地方城市学习的榜样，因此本书选择省会城市作为研究对象。清华大学孟庆国教授在《2016 年中国互联网＋政务服务调查评估报告》中，根据互联网＋政务服务平台在事项清单目录化、服务功能网络化、办事资源标准化、便民服务实用化、服务渠道便捷化五个维度的变现，划分卓越、领先、发展、起步、准备五个阶段，省会城市的评估结果显示，卓越阶段空缺，成都、广州、福州位于领先阶段，太原、大连等 13 个省会城市处于发展阶段，S 市、长春等六个处于起步阶段，乌鲁木齐等三个城市处于准备阶段。

本书选择电子政务在线服务平台正处于起步阶段的 S 市作为具体的改进对象，以位于领先阶段的成都、广州作为"竞品"，网址分别为：http://www.chengdu.gov.cn/、http://www.gz.gov.cn/。第十五届中国政府网站绩效评估中，成都市排名第一，广州市排名第二，S 市排名第19，具体细节见表7-9。丁艺等（2017）对全国36个主要城市的在线服务指数（ISO）进行排名，结果中广州市排名第一（ISO = 85.16），成都市排名第二（ISO = 66.68），S 市排名第21（ISO = 48.30）。

表7-9 省会城市政府评估结果（节选）

排名	名称	政务公开指数	政务服务指数	互动交流指数	日常保障指数	功能与影响力指数	优秀创新案例指数	总分
1	成都市	0.820	0.830	0.920	0.870	0.900	0.800	92.5
2	广州市	0.860	0.800	0.870	0.930	0.900	0.680	90.9
19	S 市	0.410	0.620	0.770	0.870	0.700	0.120	65.5

7.5.2 S 市政府门户网站简介

S 市政府门户网站是在该市所有部门信息化基础之上建立的一个不受部门限制的面向社会提供信息和服务的综合平台。它使社会公众及政府内部人员能够快速地接触到自己想要查找的部门信息和待处理事项，并提供个性化服务。市政府有关部门能够通过它向全市人民公开政务信息和提供服务，同时社会公众也可以通过该网站向政府反映情况和咨询问题，部分服务还可通过政府网站自助查询和解决，它是互联网时代市政府与全市人民沟通的重要桥梁，是政府提高工作效率的重要途径，同时也是向外宣传市容市貌和改善地方经济环境而搭建的重要平台。

S 市政府门户网站于2003年开通，由 S 市人民政府办公厅主办，S 市信息中心负责运行维护，经多次改版和维护，最新版本于2017年11月正式上线运行。网站建立的指导思想是"以需求为导向，以服务为宗旨"，网站的功能定位紧紧围绕信息公开、政民互动、办事服务、回应关切四个方面展开。目前，网站已开通"市政府、新闻、政务公开、政策、互动、服务、数据、市情"等栏目，作用在于第一时间权威发布市委、市政府重大决策部署和重要政策文件，市领导重要会议、活动等政务信息，同时面向社会提供与政府业务相关的服务，是实现市委、市政府与社会公众互动交流的重要渠道。

2017年该市政府网站工作年度报表显示，截至2017年，该网站独立用户访问量3800万，网站总访问量4500万，信息发布总数37850条，新开设专栏专题12个，在维护的共有16个，解读信息发布共计41条，回应公众关注热点或重大舆情数量三次。办事服务方面，已发布服务事项目录，注册用户2365个，政务服务事项9705项，可全程在线办理的政务服务事项53项，占比0.55%，办件量共计133件，其中自然人办件量34件，占比25.56%。互动交流方面，该平台收到留言数量35515条，全市人均0.0033条，已办结

34651 条,办结率 97.57%,平均办理时间五天,公开答复数量 33408 条。征集调查期数 53 期,公布调查结果期数 11 期,收到意见数量 1124 条,在线访谈 0 条,目前暂未提供智能问答。安全防护方面,已进行三次安全监测评估,发现问题两个,均已整改,已建立安全监测预警机制,已开展应急演练,已明确网站安全责任人。移动新媒体方面,已开通微博和微信,微博关注量 1848479,已发布 750 条信息,微信公众号拥有 87998 个订阅,信息发布 17900 条。创新发展方面,已实现搜索即服务、英文版和无障碍浏览,未实现"千人千网"。2017 年六月,市政府就网站的公众满意度就行了调查,调查结果显示,在被问到对市政府网站的总体满意程度时,有 37.23% 的被访问者选择不满意;对于网站政务信息的准确性和及时性,有 39.18% 的人选择不满意;对于网站网上办理服务,有 39.75% 的人选择不满意;对于网站的互动服务,有 41.33% 的人选择不满意;对于市民服务信息有 33.93% 的人选择不满意。

可以看出,网站各方面的内容和功能在不断完善和进步,但社会公众参与度不高,个性化程度不强,公众满意度较低,与最初设定的"以需求为导向,以服务为宗旨"的指导思想仍有一定的距离。为了提高市民满意度和获得感,从用户的需求出发,进行服务质量的优化有着重要的意义。而本书构建的基于 QFD 的电子政务在线服务质量优化模型,正是从用户的需求出发,进行服务质量的优化和改进,与该市政府门户网站建立之初的指导思想非常吻合。

7.5.3 网站的服务蓝图

分析用户从开始浏览该网站到退出的整个服务流程,画出 S 市政府门户网站的服务蓝图,如图 7-6 所示,通过该图可以清楚直观地了解网站服务公众的全过程。

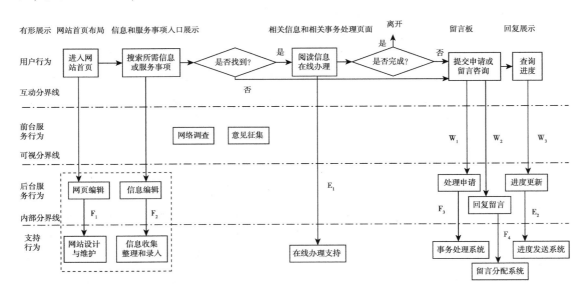

图 7-6 S 市政府门户网站的服务蓝图

图 7-6 中相关符号的含义如下：

F_1 失败点：页面布局不合理、搜索不便捷、重要信息未展示；

F_2 失败点：信息与用户关联性不大、信息未深入解读、信息分类不清；

F_3 失败点：能够在线办理的事务较少、事务处理的速度较慢、处理的结果不理想；

F_4 失败点：回复周期长、留言分类不合理、搜索留言不够方便；

W_1 等待点：等待申请审批；

W_2 等待点：等待留言回复；

W_3 等待点：等待审批进度更新；

E_1 体验点：全流程在线办理；

E_2 体验点：收到网站发送的审批进度更新信息。

7.5.4 网站在线服务质量的优化思路

通过收集、整理和分析 S 市政府门户网站用户的服务质量需求，结合相关调研结果和专家分析结果，构建能够优化其服务质量模型，从而为该网站提供服务质量改进方案。首先成立服务质量改进小组（简称改进小组），共计五人，其中，市人民政府办公厅推荐一人，市信息中心推荐一人，推荐的人均长期接触政府网站改进工作，最后还有三位电子政务服务研究领域的资深专家。首先，改进小组从该网站服务蓝图上的各个环节获取公众的需求信息，形成用户需求的原始信息，利用 KJ 图进行归纳整理，形成用户需求展开表，再利用问卷调查获得公众对需求表中的需求的重要度打分和 KANO 分类，获得用户需求的初始重要度。改进小组通过研究待改进网站和两个"竞品"网站在满足用户需求方面的情况，给出竞争性评估矩阵，从而讨论得出计划目标矩阵，再利用 KANO 分类结果对用户需求的原始重要度进行调整，得出用户的最终重要度。改进小组通过文献研究、网站调研和头脑风暴等方法给出能够实现用户需求的服务质量要素，并得出服务要素的自相关矩阵，再利用非对称三角模糊数，推演出需求与质量要素之间的关系矩阵，并计算得出服务质量要素的重要度，通过问卷调查获得关键服务质量要素的 KANO 分类，讨论各项关键服务质量要素的改进难易度和目标值，再结合技术竞争性评估矩阵确定 S 市政府门户网站在线服务质量的优化方案。

7.6 用户需求和初始重要度的获取

7.6.1 获取用户原始需求

从所绘制的服务蓝图中的失败点、体验点、等待点来获取用户的需求，本书通过 S 市政府门户网站互动栏目中的意见征集、网上调查、政府信箱、网站纠错四个功能收集用户需求，同时利用网站已开通的微博、微信、QQ 等移动新媒体收集用户需求，还可以根据用户投诉总结出用户需求。

1. 网站自带的功能收集

通过网站互动栏目的意见征集功能，市民可针对意见征集的主题发表自己的意见，如图 7-7a 所示，这是市政府和机关保险局关于服务方面提升所做的意见征集，通过单击"查看意见"可以获得用户关于这两个主题的主要建议。通过"网上调查"功能，市民可以就政府部门在网上发布的调查主题进行网上投票，如图 7-7b 所示，单击"统计结果"即可查看关于该主题的相关调查结果，如图 7-7c 所示。市民可以通过"政府信箱"向市政府咨询和反映问题，经管理人员甄别，由相关部门处理答复，如图 7-7d 所示，可直接查看市民的提问及政府部门的解答。改进小组成员根据所征集的意见、调查的结果、咨询的问题、网站的纠错深入分析和挖掘用户的需求，并将挖掘出的需求记录在需求文档中。

关于加强S市人民政府网站政务公开和便民服务信息内容建设的意见征集	S市人民政府	2018-01-23至2018-02-05	发表意见	查看意见
关于转变工作作风提高服务水平专项活动方面征求意见	机关保险局	2018-01-23至2018-02-28	发表意见	查看意见

a）

S市政府网站公众满意度调查	2017-06-10	统计结果
S市人民政府春节期间燃放烟花爆竹投票调查	2017-06-10	统计结果
市文化广电新闻出版局公共文化服务体系情况调查问卷	2017-06-10	统计结果
市文化广电新闻出版局关于艺术演出网上调查	2017-06-10	统计结果
市文化广电新闻出版局关于网站改进网上调查	2017-06-10	统计结果
S市社区服务需求调查	2017-06-10	统计结果

b）

"3.您对网站政务信息的准确性和及时性满意度如何？"的网上调查结果如下：
投票选项 图示 百分比 投票数
非常满意 11.11% 57
满意 18.13% 93
一般 30.99% 159
不满意 39.18% 201
共有513人参与该调查

"5.您对S市政府网站互动服务满意度如何？"的网上调查结果如下：
投票选项 图示 百分比 投票数
非常满意 10.72% 55
满意 17.54% 90
一般 30.02% 154
不满意 41.33% 212
共有513人参与该调查

"4.您对本网站网上办事服务满意度如何？"的网上调查结果如下：
投票选项 图示 百分比 投票数
非常满意 11.11% 57
满意 15.98% 82
一般 32.16% 165
不满意 39.57% 203
共有513人参与该调查

"6.您对本网站市民服务信息的满意度如何？"的网上调查结果如下：
投票选项 图示 百分比 投票数
非常满意 10.72% 55
满意 22.22% 114
一般 31.97% 164
不满意 33.92% 174
共有513人参与该调查

c）

网友：默默	
时间：2018-03-11 10：51：25 留言对象：公积金中心	住房公积金网上查询只显示查询当日的总余额，为何不能把每次汇缴或提取后的余额都予以显示，这样不是让缴存者看起来更清楚明了吗？
时间：2018-03-13 13：51：41 回复部门：公积金中心	您好!您的建议我们会向上级领导和相关部门反映，感谢您对我市住房公积金工作的支持与关注。

d）

图 7-7　各板块局部截图

2. 移动新媒体收集

移动新媒体方面，网站已开通微博和微信，已初具群众基础，撰写邀请函，邀请市民为 S 市电子政务在线服务质量的优化改进献计献策，加入 QQ 群、微信讨论组，采用群内或组内讨论的方式，畅谈关于网站在线服务质量的需求。改进小组记录讨论过程中用户提出的需求，录入需求文档。

3. 用户投诉收集

改进小组指派人员对用户投诉部的客服访谈，通过投诉挖掘用户对目前网站在线服务质量的需求，录入需求文档。

7.6.2 用户需求展开表

1. 按需求范式转化

需求文档最终收集了 31 条有效的需求信息。为了对用户需求进行更合理的分类整理，需采用表 7-1 中的需求范式，对需求文档中用户需求原始表述进行转化，转化前后的需求表述见表 7-10。

表 7-10 用户需求原始表述的转化

用户需求（转化前）	用户需求（转化后）
有用的信息我想分享给我的朋友	内容可转发
网站有入口进入 S 市政府其他相关网站	相关链接齐全
可以对发布的信息进行评价	有评价功能
再多一些可全程在线办理的服务	增加在线办理事项
在线办理流程要简洁、易懂，有填写说明或者示例	办事流程简洁易懂、增加办理示例
网页排版简洁、直观，易于理解和使用	网页排版简洁易用
网页设计要合理、美观，具有 S 市特色最好	网页设计美观独特
一下就能找到我要的信息或者服务	快速找到所需
相关表达要接地气，简单易懂	表达通俗易懂
信息解读的形式除文字之外还可辅以图片、视频等	信息形式多样
网站相关的链接要准确、有效	链接准确有效
服务事项的处理结果要有效	事项处理结果有效
留言回复要专业、有用、详细但不冗长	答疑专业简洁
留言回复要快、审批要快	回复周期短
可随时查看进度	进度可查
信息更新要及时	信息更新及时
网页切换要流畅	网页切换流畅
多一些互动的环节，可以采用直播的形式	政民互动形式多样
市民提出的意见要及时去改正	市民意见采纳
未经许可不得泄露用户的个人隐私	用户隐私安全
网站不涉及用户秘密信息	用户信息安全
可以下载文件、表格、图片等	下载功能
要防止病毒和黑客，避免用户信息被盗或者网站瘫痪	网站有较强防御能力
信息解读、功能设计、文字表达多从市民的角度	以用户为导向设计功能
多与市民互动，了解真实需求和想法	多政民互动

（续）

用户需求（转化前）	用户需求（转化后）
显示的都是我感兴趣的信息和常用的服务	个性化显示
有些每次都填的信息，网站可以记忆	记忆用户常用信息
推荐一些与用户密切相关的资讯	个性化推荐
审批进度更新提醒，能发送到我的手机上	进度更新提醒
移动端也可登录网站	多渠道接入网站
与S市开通的移动端新媒体同步、互通	新媒体辅助

2. 用 KJ 法整理需求

改进小组运用 KJ 法通过讨论各项需求之间的关联性，对转化后的用户需求进行整理分类。按照 7.1.2 中提出的 KJ 法三步骤，合并意思相近的，删除意见相同的，例如"内容可转发""相关链接齐全""有评价功能""增加在线办理事项""增加办理示例""进度可查""下载功能"均要求网站功能要齐全，因此可以合并为同一项需求"网站功能要齐全"。"市民意见采纳"对应"多政民互动"，后者包含了前者，因此删除前者、保留后者。以此类推，整理得到的各项需求即为三级需求。在此基础上将具有关联性的三级需求归为一类，总结出二级需求，再通过分析二级需求之间的关联性总结出一级需求，就可以得出用户需求 KJ 分类图。再结合 S 市政府门户网站的服务蓝图（见图 7-6）和其中发现的失败点、等待点、体验点对用户需求进行补充修正，从而得到最终的用户需求展开表，见表 7-11。

表 7-11 用户需求展开表

一级需求	二级需求	三级需求
S市政府门户网站用户需求	有形性（CR_1）	网站功能要齐全（CR_{11}）
		网页设计简洁美观（CR_{12}）
		多渠道进入网站（CR_{13}）
		信息形式多样（CR_{14}）
		办事流程简洁易懂（CR_{15}）
	可靠性（CR_2）	答疑专业简洁（CR_{21}）
		事项处理结果有效（CR_{22}）
		网页切换准确流畅（CR_{23}）
	响应性（CR_3）	信息更新准确、及时（CR_{31}）
		留言回复及时（CR_{32}）
		快速找到所需（CR_{33}）
	安全性（CR_4）	网站有较强防御能力（CR_{41}）
		保护用户隐私（CR_{42}）
	移情性（CR_5）	个性化显示和推荐（CR_{51}）
		记忆用户常用信息（CR_{52}）
		多政民互动（CR_{53}）

7.6.3 用户需求的初始重要度

"以为市民服务"为宗旨就必须要以市民为中心,因此用户需求的初始重要度采用问卷调查的方式,邀请 S 市所有市民参与此项调查。以用户需求展开表为基础制定问卷,在问卷中直接设计"重要度"一栏,由被调查者对各项需求的重要度进行直接打分,采用李克特五级评分法,完整问卷见附录 A。将设计好的问卷导入问卷星,借助专业问卷网站,得到问卷链接,并分享到之前建立的 QQ 群、讨论组,微博、微信公众号同时发布邀请信息,利用网站的征集功能和网上调查功能发布问卷。经过三个月的调查,共收回 312 份有效问卷,利用 SPSS19.0 对用户需求重要度进行内部一致性检验和验证性因子分析,分析结果显示,Cronbach's α 为 0.923,样本数据 KMO 值为 0.876,说明问卷有很好的信度和效度。各测量因素的 Cronbach's α 见表 7-12。整理分析后,用户需求初始重要度调查结果见表 7-13,再利用式(7-1)计算各项用户需求的初始重要度,保留两位小数。

表 7-12 各测量因素的 Cronbach's α

测量因素	项数	Cronbach's α
有形性	5	0.932
可靠性	3	0.911
响应性	3	0.908
安全性	2	0.894
移情性	3	0.901

表 7-13 用户需求初始重要度调查结果

三级需求	非常不重要 1	不重要 2	一般 3	重要 4	非常重要 5	初始重要度
网站功能要齐全(CR_{11})	0	1	78	125	108	4.090
网页设计简洁美观(CR_{12})	0	5	45	144	118	4.200
多渠道进入网站(CR_{13})	0	0	34	221	57	4.070
信息形式多样(CR_{14})	0	0	12	123	177	4.530
办事流程简洁易懂(CR_{15})	0	0	14	132	166	4.490
答疑专业简洁(CR_{21})	0	0	11	143	158	4.470
事项处理结果有效(CR_{22})	0	0	2	76	234	4.740
网页切换准确流畅(CR_{23})	0	2	34	134	142	4.330
信息更新准确、及时(CR_{31})	0	0	14	126	172	4.510
留言回复及时(CR_{32})	0	0	11	135	166	4.500
快速找到所需(CR_{33})	0	0	23	167	122	4.320
网站有较强防御能力(CR_{41})	0	2	34	176	100	4.200

(续)

三级需求	非常不重要 1	不重要 2	一般 3	重要 4	非常重要 5	初始重要度
保护用户隐私（CR_{42}）	0	3	45	145	119	4.220
个性化显示和推荐（CR_{51}）	0	12	34	156	110	4.170
记忆用户常用信息（CR_{52}）	1	16	78	152	65	3.850
多政民互动（CR_{53}）	0	0	23	169	120	4.310

7.7 用户需求的质量规划

7.7.1 市场竞争性评估和设定计划目标

改进小组成员首先需对 S 市、成都市、广州市政府门户网站的实际情况进行充分了解，然后分别对三个网站满足各项用户需求的程度进行打分，采用五分制，1→5 代表完全不满足→完全满足，取所有成员打分的平均数为最终得分。通过对比三个市政府网站工作年度报表，亲身体验各项功能和互动，查看针对个人服务的各项信息，然后根据自己的感受给出各项需求对应的评估分。例如，在满足多渠道进入网站方面，成都市研发了 IOS 和 Android 版本的 App "蓉慧通"，广州市开设了应用栏目，推出了手机门户和 App 应用，S 市在这一方面还没有涉及，最终待改进网站得分为 2 分，竞品 1（成都）得分为 4 分，竞品 2（广州）得分为 4 分。在网站防御能力方面，各市（安全监测评估次数，发现问题数量，问题整改数量）情况为：成都市（1, 3, 3），广州市（12, 8, 8），S 市（3, 2, 2），最终待改进网站得分为 3 分，竞品 1（成都）得分为 2 分，竞品 2（广州）得分为 5 分。根据市场竞争性评估结果，再结合 S 市政府门户网站的实际情况和经营计划，针对网站要达到的各项用户需求满意度，经讨论后设定一个科学合理的计划目标值。根据网站现在的评估值和计划目标值得出该项需求的提高率。

7.7.2 运用 KANO 模型确定最终重要度

1. KANO 分类

要确定收集的需求所属的 KANO 分类，则需使用 KANO 问卷调查表（见表 7-5）收集用户在满足和不满足各项需求时的态度，再使用 KANO 分类表（见表 7-6）对各项需求进行分类，确定分类参数 k。本书将用户需求重要度调查和 KANO 问卷融为一体，可大大节省人力成本和时间成本。首先根据 KANO 分类表，确定每份问卷中的每个需求的 KANO 类别，然后统计这 312 份问卷中各项需求分类情况，用户需求的 KANO 分类调查结果见表 7-14，选择占比最大的项（已加粗）为该项需求的最后 KANO 分类。

表 7-14 用户需求的 KANO 分类调查结果

用户需求	E	O	M	I	R	Q	KANO 分类	参数 k
CR_{11}	17.950%	**41.030%**	35.900%	5.130%	0.000%	0.000%	O	1
CR_{12}	3.850%	28.530%	**57.050%**	10.580%	0.000%	0.000%	M	0.5
CR_{13}	3.530%	21.470%	**60.580%**	14.420%	0.000%	0.000%	M	0.5
CR_{14}	5.770%	**55.130%**	25.000%	14.100%	0.000%	0.000%	O	1
CR_{15}	7.370%	11.540%	**71.790%**	9.290%	0.000%	0.000%	M	0.5
CR_{21}	7.370%	21.790%	**68.910%**	1.920%	0.000%	0.000%	M	0.5
CR_{22}	6.090%	15.380%	**74.040%**	4.490%	0.000%	0.000%	M	0.5
CR_{23}	2.880%	19.230%	**77.240%**	0.640%	0.000%	0.000%	M	0.5
CR_{31}	22.440%	**39.420%**	37.820%	0.320%	0.000%	0.000%	O	1
CR_{32}	14.100%	**41.990%**	38.780%	5.130%	0.000%	0.000%	O	1
CR_{33}	10.900%	**43.270%**	41.350%	4.490%	0.000%	0.000%	O	1
CR_{41}	13.460%	30.130%	**54.810%**	1.600%	0.000%	0.000%	M	0.5
CR_{42}	1.600%	12.500%	**85.580%**	0.320%	0.000%	0.000%	M	0.5
CR_{51}	**46.790%**	39.740%	13.140%	0.320%	0.000%	0.000%	E	2
CR_{52}	**34.940%**	31.090%	10.900%	23.080%	0.000%	0.000%	E	2
CR_{53}	29.170%	**42.950%**	27.560%	0.320%	0.000%	0.000%	O	1

2. 最终重要度的计算

运用修正原始提高率的近似变换函数式（7-2）计算得出修正后的提高率，本书式（7-2）中的参数 k 赋值情况为：兴奋需求 $k=2$，期望需求 $k=1$，基本需求 $k=0.5$。将修正后的提高率与初始重要度相乘得到用户需求最终重要度，即绝对重要度（LW），然后计算出相对重要度（AW），最后形成用户需求质量规划表，见表 7-15。

表 7-15 用户需求质量规划表

用户需求	初始重要度	需求竞争性评估			计划目标			最终重要度	
		待改进网站	竞品1 成都	竞品2 广州	计划质量 PQ	初始水平提高率 IR_0	修正后的提高率 IR_1	绝对重要度 LW	相对重要度 AW
CR_{11}	4.09	3	4	5	4	1.330	1.330	5.450	0.04180
CR_{12}	4.20	3	4	5	4	1.330	1.780	7.470	0.05730
CR_{13}	4.07	2	4	4	4	2.000	4.000	16.290	0.12490
CR_{14}	4.53	2	4	3	4	2.000	2.000	9.060	0.06940
CR_{15}	4.49	2	4	4	4	2.000	4.000	17.950	0.13760

(续)

用户需求	初始重要度	需求竞争性评估			计划目标			最终重要度	
		待改进网站	竞品1成都	竞品2广州	计划质量PQ	初始水平提高率 IR_0	修正后的提高率 IR_1	绝对重要度LW	相对重要度AW
CR_{21}	4.47	4	5	5	5	1.250	1.560	6.990	0.0536
CR_{22}	4.74	4	4	4	4	1.000	1.000	4.740	0.0364
CR_{23}	4.33	3	4	5	5	1.670	2.780	12.040	0.0923
CR_{31}	4.51	3	4	5	4	1.330	1.330	6.010	0.0461
CR_{32}	4.50	4	4	3	4	1.000	1.000	4.500	0.0345
CR_{33}	4.32	2	3	4	4	2.000	2.000	8.630	0.0662
CR_{41}	4.20	3	2	5	4	1.330	1.780	7.460	0.0572
CR_{42}	4.22	3	4	4	4	1.330	1.780	7.500	0.0575
CR_{51}	4.17	2	4	4	4	2.000	1.410	5.890	0.0452
CR_{52}	3.85	2	3	3	3	1.500	1.220	4.710	0.0361
CR_{53}	4.31	3	4	4	4	1.330	1.330	5.750	0.0441
合计								130.440	1

7.8 网站服务质量要素的确定与展开

7.8.1 确定服务质量要素

服务质量要素是保障用户需求得以实现的关键，以用户需求为导向，有针对性地提出S市政府门户网站的优化方案，可大大提高用户的满意度，从而提高服务质量。张剑（2014）通过分析美国等发达地区电子政务的建设，提出从转变观念、完善制度、制定技术标准、健全安全体系、合理组织结构、培养专业人员等方面来提高石家庄市的电子政务。Jinmei（2011）基于SERVQUAL构建了电子政务的公共服务评估体系。陆敬筠等（2012）在服务质量理论的基础上，从服务的过程质量和结果质量两个方面研究电子政务服务质量要素。朱娜（2014）基于公众体验从环境质量、过程质量、结果质量三个方面构建了电子政务信息服务质量影响模型。Filipe Sá等（2017）从管理、信息、服务、技术四个领域建立了地方政府的在线服务质量模型。2017年度各市政府门户网站均从信息发布、专栏专题、解读回应、办事服务、互动交流、安全防护、移动新媒体、创新发展等方面公开发布了年度报表。

基于此，本书遵循全局性、针对性、实际性等原则，从管理意识、办事服务、信息服务、技术标准、互动交流五个方面提出了S市政府门户网站的服务质量要素，见表7-16。

表 7-16　S 市政府门户网站的服务质量要素

管理意识		办事服务		信息服务			技术标准					互动交流			
改进决心	以用户为导向	全程在线办理量	办理流程设计	信息编辑形式	信息分类依据	信息更新周期	安全测评次数	搜索即服务	大数据支撑	App应用支持	统一数据库	技术人员培训	留言办理	回复人员培训	在线访谈	征集调查
E_{11}	E_{12}	E_{21}	E_{22}	E_{31}	E_{32}	E_{33}	E_{41}	E_{42}	E_{43}	E_{44}	E_{45}	E_{46}	E_{51}	E_{52}	E_{53}	E_{54}

7.8.2　服务质量要素的自相关矩阵

一个要素的改变可能会对其他要素产生影响，这种影响可能是正向的，也可能是负向的，因此在设置各项服务质量要素的目标值及制订改进方案之前需要考虑各要素之间的相互关系。改进小组的成员认真讨论各要素之间的相关关系，共同决定了这种关系的类型。

例如：管理层的改进决心会对以用户为导向、全程在线办理量、安全测评次数等产生积极正面的影响，改进决心与这些要素之间存在正相关关系，用"+"表示，填入自相关矩阵；信息编辑的形式多样化之后会造成工作量的增加，从而使信息更新的周期变长，因此信息编辑形式和信息更新周期存在负相关关系，用"-"表示，填入自相关矩阵（见图 7-8）；安全测评次数与信息分类依据之间不存在关联关系，直接用"空白"表示，以此类推。

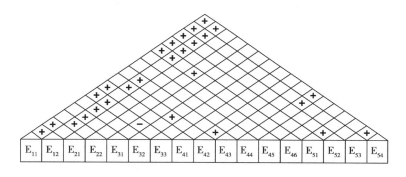

图 7-8　自相关矩阵

7.8.3　服务质量要素与用户需求的关系矩阵

按照本书所构建的服务质量优化模型，服务质量要素与网站用户需求之间的关联程度由改进小组中三位电子政务服务研究领域的资深专家评价得出。首先需要根据三位专家的专业水平和工作时长确定他们的权重，讨论结果为：$d_1 = 0.3$，$d_2 = 0.3$，$d_3 = 0.4$。专家根据自己的经验和专业知识，用"很弱（VL）、弱（L）、一般（M）、强（H）、很强（VH）"五个等级对需求和要素之间的关联程度进行描述，见附录 B 中表 B-1，用 d_1、d_2、d_3 的形式表示三位专家的评价结果。将专家讨论的结果，录入 Excel 中，然后利用式 (7-5) 计算得出最终的关系矩阵，部分关系矩阵的实现过程见表 7-17，最终的关系矩阵见附录 B 中表 B-2。

表 7-17 部分关系矩阵的实现过程（部分）

		E_{11}			E_{12}			E_{21}			E_{22}			E_{31}			E_{32}		
CR_{11}	d_1	0.800	1.000	1.000	0.600	0.800	1.000	0.800	1.000	1.000	0.300	0.500	0.700	0.000	0.200	0.400	0.000	0.000	0.200
	d_2	0.600	0.800	1.000	0.600	0.800	1.000	0.600	0.800	1.000	0.000	0.200	0.400	0.300	0.500	0.700	0.200	0.200	0.400
	d_3	0.600	0.800	1.000	0.600	0.800	1.000	0.600	0.800	1.000	0.000	0.200	0.400	0.000	0.200	0.400	0.200	0.200	0.400
	关联度	0.660	0.860	1.000	0.600	0.800	1.000	0.660	0.860	1.000	0.090	0.290	0.490	0.090	0.290	0.490	0.140	0.140	0.340
CR_{12}	d_1	0.600	0.800	1.000	0.300	0.500	0.700	0.000	0.200	0.400	0.600	0.800	1.000	0.300	0.500	0.700	0.500	0.500	0.700
	d_2	0.800	1.000	1.000	0.600	0.800	1.000	0.200	0.400	0.400	0.800	1.000	1.000	0.600	0.800	1.000	0.200	0.200	0.400
	d_3	0.600	0.800	1.000	0.300	0.500	0.700	0.200	0.400	0.400	0.600	0.800	1.000	0.300	0.500	0.700	0.500	0.500	0.700
	关联度	0.660	0.860	1.000	0.390	0.590	0.790	0.140	0.340	0.400	0.680	0.880	1.000	0.390	0.590	0.790	0.410	0.410	0.610
CR_{13}	d_1	0.600	0.800	1.000	0.600	0.800	1.000	0.200	0.400	0.400	0.300	0.500	0.700	0.000	0.200	0.400	0.000	0.000	0.200
	d_2	0.600	1.000	1.000	0.300	0.500	0.700	0.200	0.400	0.400	0.300	0.500	0.700	0.200	0.400	0.400	0.200	0.200	0.400
	d_3	0.800	0.800	1.000	0.300	0.500	0.700	0.500	0.700	0.700	0.600	0.800	1.000	0.200	0.400	0.400	0.200	0.200	0.400
	关联度	0.680	0.880	1.000	0.390	0.590	0.790	0.320	0.520	0.520	0.420	0.620	0.820	0.140	0.340	0.340	0.140	0.140	0.340
CR_{14}	d_1	0.600	0.800	1.000	0.300	0.500	0.700	0.200	0.400	0.400	0.000	0.200	0.200	1.000	1.000	1.000	0.200	0.200	0.400
	d_2	0.600	0.800	1.000	0.600	0.800	1.000	0.200	0.400	0.400	0.000	0.200	0.400	0.800	0.800	1.000	0.200	0.200	0.400
	d_3	0.800	1.000	1.000	0.300	0.500	0.700	0.000	0.200	0.200	0.000	0.000	0.400	0.800	0.800	1.000	0.200	0.200	0.400
	关联度	0.680	0.880	1.000	0.390	0.590	0.790	0.120	0.320	0.320	0.000	0.140	0.340	0.860	0.860	1.000	0.140	0.140	0.340
CR_{15}	d_1	0.600	0.800	1.000	0.800	1.000	1.000	0.800	1.000	1.000	0.800	1.000	1.000	0.500	0.700	1.000	0.200	0.500	0.700
	d_2	0.800	1.000	1.000	0.600	0.800	1.000	0.600	0.800	1.000	0.600	0.800	1.000	0.800	1.000	0.700	0.200	0.500	0.700
	d_3	0.600	0.800	1.000	0.600	0.800	1.000	0.600	0.800	1.000	0.600	0.800	1.000	0.500	0.700	0.700	0.200	0.200	0.400
	关联度	0.660	0.860	1.000	0.660	0.860	1.000	0.680	0.880	1.000	0.660	0.860	1.000	0.590	0.790	0.790	0.180	0.380	0.580
CR_{21}	d_1	0.600	0.800	1.000	0.600	0.800	1.000	0.200	0.400	0.400	0.000	0.200	0.400	0.500	0.700	0.700	0.000	0.000	0.400
	d_2	0.300	0.500	0.700	0.600	0.800	1.000	0.200	0.400	0.400	0.000	0.000	0.200	0.500	0.700	0.400	0.000	0.200	0.200
	d_3	0.600	0.800	1.000	0.600	0.800	1.000	0.000	0.200	0.200	0.000	0.000	0.400	0.200	0.400	0.580	0.000	0.200	0.400
	关联度	0.510	0.710	0.910	0.600	0.800	1.000	0.120	0.320	0.320	0.000	0.140	0.340	0.380	0.580	0.580	0.000	0.140	0.340

7.8.4 基于三角模糊数的服务质量要素权重计算

根据所建立的服务质量优化模型中给出的流程，基于三角模糊数的服务质量要素权重计算主要分为以下步骤：

第一步：利用式（7-3）和式（7-4）计算出每项服务质量要素和每项用户需求的模糊关联度在不同 α-截集水平下的上下限，其中 α 取 0、0.1、0.2、0.3、0.4、0.5、0.6、0.7、0.8、0.9、1，部分运算过程见表7-18。

表7-18 E_{11} 在 $\alpha=0$ 和 0.1 水平下的上下限运算过程

用户需求	重要度	E_{11}和用户需求的关联度			0		0.1	
					上限	下限	上限	下限
CR_{11}	0.0418	0.6600	0.8600	1.0000	1.0000	0.6600	0.9860	0.6800
CR_{12}	0.0573	0.6600	0.8600	1.0000	1.0000	0.6600	0.9860	0.6800
CR_{13}	0.1249	0.6800	0.8800	1.0000	1.0000	0.6800	0.9880	0.7000
CR_{14}	0.0694	0.6800	0.8800	1.0000	1.0000	0.6800	0.9880	0.7000
CR_{15}	0.1376	0.6600	0.8600	1.0000	1.0000	0.6600	0.9860	0.6800
CR_{21}	0.0536	0.5100	0.7100	0.9100	0.9100	0.5100	0.8900	0.5300
CR_{22}	0.0364	0.3900	0.5900	0.7900	0.7900	0.3900	0.7700	0.4100
CR_{23}	0.0923	0.3000	0.5000	0.7000	0.7000	0.3000	0.6800	0.3200
CR_{31}	0.0461	0.4800	0.6800	0.8800	0.8800	0.4800	0.8600	0.5000
CR_{32}	0.0345	0.3900	0.5900	0.7900	0.7900	0.3900	0.7700	0.4100
CR_{33}	0.0662	0.3000	0.5000	0.7000	0.7000	0.3000	0.6800	0.3200
CR_{41}	0.0572	0.0900	0.2900	0.4900	0.4900	0.0900	0.4700	0.1100
CR_{42}	0.0575	0.0000	0.2000	0.4000	0.4000	0.0000	0.3800	0.0200
CR_{51}	0.0452	0.6000	0.8000	1.0000	1.0000	0.6000	0.9800	0.6200
CR_{52}	0.0361	0.1800	0.3800	0.5800	0.5800	0.1800	0.5600	0.2000
CR_{53}	0.0441	0.5100	0.7100	0.9100	0.9100	0.5100	0.8900	0.5300
E_{11}在不同α-截集水平下的上下限					0.8446	0.4743	0.8276	0.4943

第二步：网站在线服务质量要素在 α-截集水平下的上下限由用户需求及它们之间的关联度共同决定，通过式（7-6）计算得到，结果见表7-19。

表7-19 α-截集不同水平下的上下限运算结果

α-截集		α										
		0	0.1	0.2	0.3	0.4	0.5	0.6	0.7	0.8	0.9	1
E_{11}	上限	0.8446	0.8276	0.8105	0.7935	0.7765	0.7595	0.7424	0.7254	0.7084	0.6913	0.6743
	下限	0.4743	0.4943	0.5143	7.2933	7.2933	0.5743	0.5943	0.6143	0.6343	0.6543	0.6743
E_{12}	上限	0.7982	0.7793	0.7604	0.7415	0.7226	0.7037	0.6848	0.6659	0.6470	0.6281	0.6092
	下限	0.4091	0.4291	0.4491	0.4691	0.4891	0.5091	0.5291	0.5491	0.5691	0.5891	0.6092

（续）

α-截集		α										
		0	0.1	0.2	0.3	0.4	0.5	0.6	0.7	0.8	0.9	1
E_{21}	上限	0.4919	0.4732	0.4546	0.4359	0.4173	0.3986	0.3800	0.3613	0.3427	0.3240	0.3054
	下限	0.1639	0.1781	0.1922	0.2064	0.2205	0.2347	0.2488	0.2629	0.2771	0.2912	0.3054
E_{22}	上限	0.6046	0.5859	0.5671	0.5484	0.5297	0.5110	0.4923	0.4735	0.4548	0.4361	0.4174
	下限	0.2403	0.2580	0.2757	0.2934	0.3111	0.3288	0.3465	0.3642	0.3820	0.3997	0.4174
E_{31}	上限	0.5185	0.4990	0.4794	0.4598	0.4402	0.4206	0.4010	0.3814	0.3618	0.3422	0.3227
	下限	0.1535	0.1704	0.1873	0.2042	0.2211	0.2381	0.2550	0.2719	0.2888	0.3057	0.3227
E_{32}	上限	0.4549	0.4353	0.4157	0.3961	0.3765	0.3569	0.3373	0.3176	0.2980	0.2784	0.2588
	下限	0.0942	0.1107	0.1271	0.1436	0.1601	0.1765	0.1930	0.2094	0.2259	0.2424	0.2588
E_{33}	上限	0.3751	0.3556	0.3362	0.3167	0.2973	0.2778	0.2584	0.2389	0.2195	0.2000	0.1806
	下限	0.0363	0.0507	0.0652	0.0796	0.0940	0.1084	0.1229	0.1373	0.1517	0.1662	0.1806
E_{41}	上限	0.4761	0.4569	0.4377	0.4185	0.3993	0.3801	0.3609	0.3417	0.3225	0.3033	0.2841
	下限	0.1152	0.1321	0.1490	0.1659	0.1828	0.1997	0.2166	0.2334	0.2503	0.2672	0.2841
E_{42}	上限	0.5122	0.4926	0.4730	0.4534	0.4338	0.4142	0.3946	0.3750	0.3553	0.3357	0.3161
	下限	0.1408	0.1583	0.1759	0.1934	0.2109	0.2285	0.2460	0.2635	0.2811	0.2986	0.3161
E_{43}	上限	0.5298	0.5100	0.4903	0.4706	0.4508	0.4311	0.4114	0.3916	0.3719	0.3522	0.3325
	下限	0.1530	0.1709	0.1889	0.2068	0.2248	0.2427	0.2607	0.2786	0.2966	0.3145	0.3325
E_{44}	上限	0.6967	0.6774	0.6582	0.6389	0.6197	0.6004	0.5812	0.5619	0.5427	0.5234	0.5042
	下限	0.3129	0.3320	0.3511	0.3702	0.3894	0.4085	0.4276	0.4468	0.4659	0.4850	0.5042
E_{45}	上限	0.4827	0.4629	0.4431	0.4233	0.4036	0.3838	0.3640	0.3442	0.3244	0.3046	0.2848
	下限	0.1256	0.1415	0.1575	0.1734	0.1893	0.2052	0.2212	0.2371	0.2530	0.2689	0.2848
E_{46}	上限	0.8287	0.8099	0.7912	0.7724	0.7536	0.7349	0.7161	0.6974	0.6786	0.6598	0.6411
	下限	0.4478	0.4671	0.4864	0.5058	0.5251	0.5444	0.5638	0.5831	0.6024	0.6217	0.6411
E_{51}	上限	0.4771	0.4575	0.4380	0.4185	0.3989	0.3794	0.3599	0.3403	0.3208	0.3013	0.2817
	下限	0.1116	0.1286	0.1456	0.1627	0.1797	0.1967	0.2137	0.2307	0.2477	0.2647	0.2817
E_{52}	上限	0.4338	0.4154	0.3969	0.3784	0.3600	0.3415	0.3230	0.3046	0.2861	0.2676	0.2492
	下限	0.1012	0.1160	0.1308	0.1456	0.1604	0.1752	0.1900	0.2048	0.2196	0.2344	0.2492
E_{53}	上限	0.4482	0.4284	0.4087	0.3889	0.3692	0.3495	0.3297	0.3100	0.2902	0.2705	0.2508
	下限	0.0928	0.1086	0.1244	0.1402	0.1560	0.1718	0.1876	0.2034	0.2192	0.2350	0.2508
E_{54}	上限	0.3996	0.3796	0.3596	0.3396	0.3196	0.2996	0.2796	0.2596	0.2396	0.2196	0.1996
	下限	0.0526	0.0673	0.0820	0.0967	0.1114	0.1261	0.1408	0.1555	0.1702	0.1849	0.1996

第三步：通过平均水平截集去模糊化的方法，即利用式（7-7）计算得到服务质量要素的最终重要度，并对重要度进行排序，最终的排名结果见表 7-20，选出排名前七的作为本次改进的关键服务质量要素，在表 7-20 中用★标记。

表 7-20　服务质量要素重要度与排名

服务质量要素			重要度	排名
管理意识	★改进决心	E_{11}	1.2804	1
	★以用户为导向	E_{12}	0.6064	2
办事服务	全程在线办理量	E_{21}	0.3166	9
	★办理流程设计	E_{22}	0.4199	5
信息服务	★信息编辑形式	E_{31}	0.3293	7
	信息分类依据	E_{32}	0.2667	13
	信息更新周期	E_{33}	0.1931	17
技术标准	安全测评次数	E_{41}	0.2899	11
	搜索即服务	E_{42}	0.3213	8
	★大数据支撑	E_{43}	0.3369	6
	★App 应用支持	E_{44}	0.5045	4
	统一数据库	E_{45}	0.2945	10
	★技术人员培训	E_{46}	0.6397	3
互动交流	留言办理	E_{51}	0.288	12
	回复人员培训	E_{52}	0.2584	15
	在线访谈	E_{53}	0.2606	14
	征集调查	E_{54}	0.2128	16

排名前七的 S 市政府门户网站在线服务质量要素为改进决心、以用户为导向、技术人员培训、App 应用支持、办理流程设计、大数据支撑、信息编辑形式，接下来将重点针对关键服务质量要素进行质量展开。

7.8.5　S 市政府门户网站服务质量要素展开表

在提供相同服务质量功能特性下，从服务质量要素的角度对 S 市、成都市和广州市政府门户网站的服务能力进行评估，可找出 S 市自身的优势与劣势。首先需给每个关键服务质量要素定一个测量标准和测量单位，经过改进小组成员深入的分析和激烈的讨论，最终得出的结果见表 7-21。

表 7-21　服务质量的衡量标准与单位

关键要素		衡量标准	单位
E_{11}	改进决心	用五分制评估	分
E_{12}	以用户为导向	管理层思想中该项的重要度，用五分制评估	分
E_{46}	技术人员培训	每月组织技术人员进行专业培训的次数	次/月
E_{44}	App 应用支持	已开发与门户网站相关的 App 数量	个
E_{22}	办理流程设计	根据流程的完整性和易用性，用五分制评估	分
E_{43}	大数据支撑	根据大数据的应用程度，用五分制评估	分
E_{31}	信息编辑形式	信息表现形式的丰富度，用五分制评估	分

然后，对获得的关键服务质量要素进行 KANO 分类。根据 KANO 问卷调查表（见表 7-5），制定 S 市政府门户网站七项关键服务质量要素的调查问卷（见附录 C）。利用之前建立的互动渠道发放问卷链接，最终收到 120 份有效问卷。再利用 KANO 分类表（见表 7-6）对结果进行分类，最终的结果见表 7-22。结果显示，兴奋服务质量要素有大数据支撑，表示如果 S 市政府将大数据应用于门户网站中，市民们会觉得很满意，如果没有运用，市民们也暂时觉得没有关系；期望服务质量要素有 App 应用支持；基本服务质量要素有改进决心、以用户为导向、技术人员培训、办理流程设计、信息编辑形式。

表 7-22 关键服务质量的 KANO 分类

序号	关键服务质量要素	E	O	M	I	R	Q	KANO 分类
1	改进决心	8	45	67	0	0	0	M
2	以用户为导向	3	34	83	0	0	0	M
3	技术人员培训	1	43	75	1	0	0	M
4	App 应用支持	29	68	23	0	0	0	O
5	办理流程设计	1	30	89	0	0	0	M
6	大数据支撑	74	34	12	0	0	0	E
7	信息编辑形式	17	47	56	0	0	0	M

最后，改进小组对各项关键服务质量要素改进的难度进行打分，分值 1~5 分，分别对应非常容易、容易、一般、难、非常难。根据改进小组之前对三个网站的深入调查和了解，经充分讨论后给出评估值，结合模型中给出的要求制定各项要素的目标值，见表 7-23。

表 7-23 关键服务质量要素展开表

		关键服务质量要素						
		E_{11}	E_{12}	E_{22}	E_{31}	E_{43}	E_{44}	E_{46}
		改进决心	以用户为导向	办理流程设计	信息编辑形式	大数据支撑	App 应用支持	技术人员培训
权重		1.2804	0.6064	0.4199	0.3293	0.3369	0.5045	0.6397
KANO 分类		M	M	M	M	E	O	M
技术竞争性评估	S 市	3	2	2	2	2	0	1
	成都市	4	3	4	4	3	22	3
	广州市	5	3	4	3	3	5	3
改进难易度		1	3	1	1	3	3	1
目标值		5	3	4	4	4	3	3
单位		分	分	分	分	分	个	次/月

综合前面的步骤，最终搭建成功的 S 市政府门户网站在线服务质量优化模型如图 7-9 所示。该模型能够清楚地反映：用户的需求、需求的重要度、需求与关键服务质量要素之间的关系及各项需要和要素的改进程度，能够为管理层提供决策支持，以求更好地优化 S 市政府门户网站的在线服务质量。

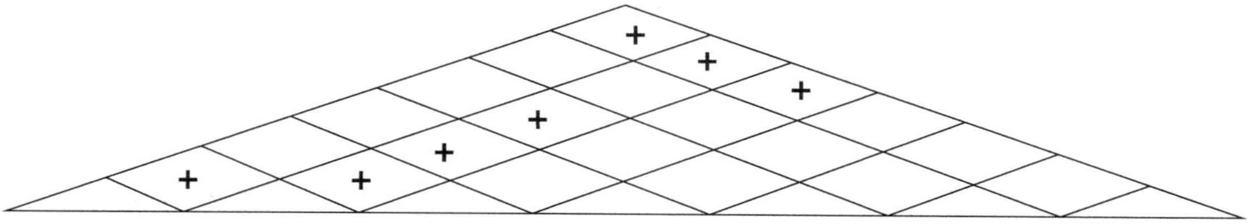

第 7 章 电子政务在线服务质量优化模型的构建与验证

初始重要度	改进决心 E_{11}	以用户为导向 E_{12}	办理流程设计 E_{22}	信息编辑形式 E_{31}	大数据支撑 E_{43}	App应用支持 E_{44}	技术人员培训 E_{46}	KANO分类	参数 k	S市	成都市	广州市	计划质量PQ	初始水平提高率IR_0	修正后的提高率IR_1	绝对重要度LW	相对重要度AW
CR_{11} 4.09	0.66 0.86 1.00	0.60 0.80 1.00	0.09 0.29 0.49	0.09 0.29 0.49	0.39 0.59 0.79	0.60 0.80 1.00	0.48 0.68 0.88	O	1.0	3	4	5	4	1.33	1.33	5.45	0.0418
CR_{12} 4.20	0.66 0.86 1.00	0.39 0.59 0.79	0.68 0.88 1.00	0.39 0.59 0.79	0.00 0.14 0.34	0.09 0.29 0.49	0.60 0.80 1.00	M	0.5	3	4	5	4	1.33	1.78	7.47	0.0573
CR_{13} 4.07	0.68 0.88 1.00	0.39 0.59 0.79	0.42 0.62 0.82	0.00 0.14 0.34	0.09 0.29 0.49	0.66 0.86 1.00	0.51 0.71 0.91	M	0.5	2	4	4	4	2.00	4.00	16.29	0.1249
CR_{14} 4.53	0.68 0.88 1.00	0.39 0.59 0.79	0.00 0.14 0.34	0.66 0.86 1.00	0.39 0.59 0.79	0.39 0.59 0.79	0.39 0.59 0.79	O	1.0	2	4	3	4	2.00	2.00	9.06	0.0694
CR_{15} 4.49	0.66 0.86 1.00	0.66 0.86 1.00	0.66 0.86 1.00	0.39 0.59 0.79	0.09 0.29 0.49	0.48 0.68 0.88	0.48 0.68 0.88	M	0.5	2	4	4	4	2.00	4.00	17.95	0.1376
CR_{21} 4.47	0.51 0.71 0.91	0.39 0.59 0.79	0.00 0.14 0.34	0.18 0.38 0.58	0.00 0.14 0.34	0.00 0.14 0.34	0.00 0.14 0.34	M	0.5	4	4	4	5	1.25	1.56	6.99	0.0536
CR_{22} 4.74	0.09 0.29 0.49	0.42 0.62 0.82	0.48 0.68 0.88	0.09 0.29 0.49	0.39 0.59 0.79	0.18 0.38 0.58	0.18 0.38 0.58	M	0.5	4	4	4	4	1.00	1.00	4.74	0.0364
CR_{23} 4.33	0.30 0.50 0.70	0.21 0.41 0.61	0.09 0.29 0.49	0.09 0.29 0.49	0.00 0.20 0.40	0.00 0.14 0.34	0.66 0.86 1.00	M	0.5	3	4	3	5	1.67	2.78	12.04	0.0923
CR_{31} 4.51	0.48 0.68 0.88	0.09 0.29 0.49	0.00 0.12 0.32	0.09 0.29 0.49	0.00 0.14 0.34	0.39 0.59 0.79	0.51 0.71 0.91	O	1.0	3	4	4	4	1.33	1.33	6.01	0.0461
CR_{32} 4.50	0.39 0.59 0.79	0.09 0.29 0.49	0.18 0.38 0.58	0.00 0.14 0.34	0.51 0.71 0.91	0.09 0.29 0.49		O	1.0	3	3	3	3	1.00	1.00	4.50	0.0345
CR_{33} 4.32	0.30 0.50 0.70	0.48 0.68 0.88	0.18 0.38 0.58	0.09 0.29 0.49	0.51 0.71 0.91	0.18 0.38 0.58	0.48 0.68 0.88	O	1.0	2	3	3	4	2.00	2.00	8.63	0.0662
CR_{41} 4.20	0.09 0.29 0.49	0.00 0.20 0.40	0.00 0.14 0.34	0.00 0.12 0.32	0.00 0.20 0.40	0.00 0.20 0.40	0.66 0.86 1.00	M	0.5	2	2	5	4	1.33	1.78	7.46	0.0572
CR_{42} 4.22	0.00 0.20 0.40	0.42 0.62 0.82	0.18 0.38 0.58	0.00 0.14 0.34	0.00 0.20 0.40	0.00 0.20 0.40	0.66 0.86 1.00	M	0.5	3	2	3	4	1.33	1.78	7.50	0.0575
CR_{51} 4.17	0.60 0.80 1.00	0.66 0.86 1.00	0.00 0.14 0.34	0.18 0.38 0.58	0.66 0.86 1.00	0.48 0.68 0.88	0.39 0.59 0.79	E	2.0	3	4	3	4	2.00	1.41	5.89	0.0452
CR_{52} 3.85	0.18 0.38 0.58	0.39 0.59 0.79	0.09 0.29 0.49	0.00 0.14 0.34	0.51 0.71 0.91	0.18 0.38 0.58	0.48 0.68 0.88	E	2.0	3	4	3	3	1.50	1.22	4.71	0.0361
CR_{53} 4.31	0.51 0.71 0.91	0.48 0.68 0.88	0.00 0.12 0.32	0.09 0.29 0.49	0.39 0.59 0.79	0.00 0.12 0.32		O	1.0	3	4	4	4	1.33	1.33	5.75	0.0441
权重	1.2804	0.6064	0.4199	0.3293	0.3369	0.5045	0.6397										
KANO分类	M	M	M	M	E	O	M										
技术竞争性评估 S市	3	2	2	2	2	0	1										
成都市	4	3	4	4	3	22	3										
广州市	5	3	4	3	3	5	3										
改进难易度	1	3	1	1	3	3	3										
目标值	5	3	4	4	4	3	3										
单位	分	分	分	分	分	个	次/月										

图 7-9 S 市政府门户网站在线服务质量优化模型

7.9 政府门户网站在线服务质量优化思路与策略

7.9.1 优化的基本思路

在线服务质量是指用户期望的在线服务水平和实际感知的在线服务水平之间的差距，要想提升服务质量，就必须提升用户的实际感知，使其达到甚至超过用户期望的服务水平。通过电子政务在线服务质量优化模型确定的关键服务质量要素归属管理层意识、办事服务、信息服务、技术支持四个方面，结合关键服务质量要素展开表（见表 7-23），综合考虑各项要素的重要度、重要度排名、KANO 分类、改进目标、改进难度，制定 S 市政府门户网站在线服务质量的优化策略。

（1）短期保证基本要素，中期着力期望要素，长期争取兴奋要素　KANO 分类将 S 市政府门户网站的七项关键服务质量要素分为三类：兴奋要素、期望要素和基本要素。基本要素的优化虽不与用户满意度的提升呈正向线性关系，但是基本要素没做好，将造成用户极大的不满，因此基本服务质量要素是当前 S 市政府急需重视和优化的，纳入短期优化策略。期望要素满足度的提升将相应地提高用户满意度，是政府提高用户体验和优化在线服务质量的有力抓手，是政府做好基本要素之后需要努力的方向，纳入中期优化策略。不提供兴奋要素虽然不会影响用户的满意度，但是如果能够提供将极大地提高用户实际感知服务质量，是政府有余力时，优化在线服务质量的有力方式，纳入长期优化策略。

（2）优先考虑重要度高且改进难度相对较低的要素　服务质量要素的重要度代表了该项要素对用户需求的影响程度，重要度越高，左墙中用户需求得到满足的程度越高，就越能提高用户的满意度，从而提升网站的在线服务质量。改进难度体现了进行该项要素优化需要投入的成本大小，因此想要在最短的时间内，以最少的投入取得最高的用户满意度，就需要优先考虑重要度高且改进难度相对较低的要素。

7.9.2　短期优化策略

短期优化策略是 S 市政府进行门户网站在线服务质量优化工作的第一步，主要针对关键服务质量要素中的基本要素（改进决心、以用户为导向、技术人员培训、办理流程设计、信息编辑形式）进行优化，分别从管理层意识、办事服务、信息服务、技术支持四个方面进行阐述。

（1）以公众需求为导向，强化改进意识，建设服务型政府网站　王安耕（2017）在第十六届中国政府网站绩效评估交流会上指出，政府网站要发展，领导重视是关键。王益民等（2016）在推进新时代下电子政务发展的实施措施中提出，要加强领导班子的电子政务培训，保持管理团队的鲜活性，使其自身的知识和理念能够及时更新，才能确保电子政务发挥作用。

"改进决心"在实现用户各项需求的服务质量要素中绝对权重排名第一，详细情况如图 7-10 所示。由要素的自相关矩阵可以看出，它对"以用户为导向""技术人员的培训"两大要素都存在正向积极的影响，而这两大要素对其余的关键服务质量要素均存在正向积极的影响，可见"改进决心"是其他服务质量要素优化改进的前提条件，而且这项要素优化的难度系数较小，因此必须作为重点改进的对象。再结合技术竞争性评估中"竞品"网站的得分情况，本书将这项要素的目标值设定为最高 5 分，要求领导班子强化自己的改进意识，坚定改进的决心。首先，要积极了解和学习互联网时代给社会群体和政府带来的便利，主动与其他市政府的领导班子交流，取长补短，实地体验政府网站的不断改进带给群众和政府自身工作的改变，认识到这些改变是可以落实见效的。其次，加强改进思想的宣传，坚定政府全体成员改进的决心，并组织开展改进工作，制订计划，组建改进小组来落实改进计划。

王益民等（2016）还提出了树立以公众为中心的理念是电子政务发展的重要实施措施。"以用户为导向"在实现用户各项需求的服务质量要素中绝对权重排名第 2，并且对除"App 应用支持"之外的关键服务质量要素均存在正向影响，因此以用户为导向是管理意识转变、

第 7 章 电子政务在线服务质量优化模型的构建与验证

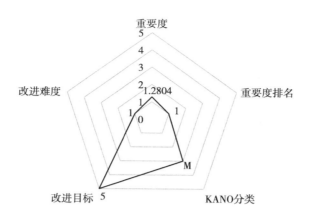

图 7-10 服务质量要素"改进决心"

办事和信息服务质量优化、加强技术支撑的指导思想。做到真正"以公众需求为导向",坚定改进决心是提前,同时需不断收集公众的需求、意见,然后将其转化成具体的实施措施,一步一步地落实,虽然存在一定的难度,但在基础设施完备、信息技术飞速发展的当今,逐步改变各项设置以达到最终的"以公众需求为导向"是可以实现的。因此,在综合考虑之后,该项服务质量要素的目标值设定为 3 分,需在现在的基础上做出一定的改变,满足现阶段公众提出的需求和建议,并不断改进。互联网时代的新型政府必须是服务型政府,要实现政府管理方式向服务型模式的转变,"以公众需求为导向"是必经之路。

（2）优化办事流程,提升用户体验 "办理流程设计"在实现用户各项需求的服务质量要素中绝对权重排名第 5,高效、简洁、易懂的办事流程可以极大地提升用户体验,从而提高群众的感知质量水平,对增强网站整体在线服务质量有着较为重要的作用。从表 7-23 中的技术竞争性评估可以看出,目前两个"竞品"网站在办理流程设计方面基本能够满足群众的需求,可作为本网站的标杆对象,所以改进难度较小,且相对于增加办事事项来说更具有紧迫性,是目前需要解决和改进的问题,因此目标值设定为 4 分。因为如果用户了解到某项事项可以在线办理,会产生较高的期望,办事流程是否简洁易懂,直接决定了用户的实际感知服务质量,从而影响网站的在线服务质量。2019 年 12 月,第十八届中国政府网站绩效评估结果显示,四川省与福建省人民政府网站并列第二名,四川省人民政府网站主要在四个方面取得突出成绩,包括信息公开与办事服务深度融合、政策文件解读全覆盖、主题套餐服务事项大幅增加、数据开放能力不断增强。四川省大数据中心政府网站运行处负责人介绍,2020 年省政府网站将按照"前台多样、后台联通、数据同源、服务同根"的原则,继续强化政府网站集约化整合,创新政务新媒体运营管理,探索新技术应用,进一步提升四川省政务公开水平和"指尖"服务能力。政府网站要努力做到"让信息多跑路,群众少跑路",一体化的服务平台、多元化的服务渠道、点菜式的服务途径是着力满足公众办事需要的措施。因此,需从优化办事流程、以群众需求为导向、提升用户的体验三个方面出发,提升服务质量。

（3）创新信息解读方式,让用户听得懂、用得上 "信息编辑形式"在实现用户各项需求的服务质量要素中绝对权重排名第七，主要是指信息将以什么样的形式展现给用户。网站上的信息是展现给群众的，所以必须确保群众"听得懂、用得上"，因此要求编辑信息时要以群众的视角和多样化的形式权威地展示出来。"信息解读方式的创新"相对于"健全信息解读机制"和"丰富信息解读内容"来说，具有更强的紧迫性，原因有两点：其一，它较其他措施具有更高的重要度；其二，信息是直接展现给用户的，并且信息展现的形式决定了用户能否看懂和吸收，所以会直接影响用户的实际感知服务质量。因此，要达到目标值，需在信息编辑的时候从群众视角解读信息，文字、图片、视频配合使用，这一点可以借鉴成都市政府门户网站中图解系列。

（4）完善技术培训体系，加强技术人员专业水平　我国现阶段电子政务正面临突破，主要表现在基础设施已较为完善，各级各部门的门户网站、各种应用大量涌现且逐步趋于规范化，但随着"互联网＋政务服务"的推进，所需求的技术支持也在不断提升，政府网站相关技术人员不能故步自封，需要不断学习新的知识和技术，才能紧跟互联网时代的脚步。"技术人员培训"在实现用户各项需求的服务质量要素中绝对权重排名第 3，对于技术的实现和突破，技术人员起到了不可替代的作用，在网页设计、网页切换、安全防御、服务检索等方面有着直接的影响。技术人员之间也需要相互交流、不断学习，组织培训的难度不大，因此最终的目标值设定为一个月举办三次培训。三次培训略有不同，分别为技术牛人授课、技术学习分享会、技术难题交流会。此外，设定完善的考核制度，鼓励大家积极参与学习和交流。

7.9.3　中长期优化策略

（1）中期——推进政府网站向移动端延伸　结合 S 市政府门户网站的现状，中期应主要以期望服务质量要素为着力点，在抓好网站的基本要素的前提下，大力优化能够正向影响用户满意度的期望要素。"App 应用支持"属于期望服务质量要素（O），在实现用户各项需求的服务质量要素中绝对权重排名第四，详细情况如图 7-11 所示。

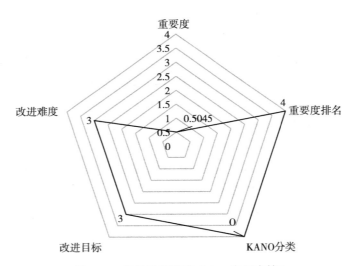

图 7-11　服务质量要素"App 应用支持"

截至 2021 年 6 月,我国网民规模达到 10.11 亿,手机网民人数占比 99.6%,政府门户网站的移动化势在必行。随着移动互联网、智能手机、平板等移动终端的普及,PC 端已无法满足用户需求,因此必须开发 App 应用,推进政府门户网站向移动端延伸。App 应用支持在满足多元化服务渠道上有着重要的作用,同时许多市政府门户网站也相继推出了适用于移动端的 App 应用版本。该项改进难度一般,因此设定目标值为三个,分别针对信息服务、办事服务、市民生活,三者之间主题明确,尽量避免信息和服务功能重复。目前已经推出的政务 App 应用程序存在官方版本无法识别、山寨版本鱼龙混杂、在线服务功能缺失、推广能力弱等问题,因此在设计和规划这三个 App 的时候,一定要提前考虑避免常见问题的产生。

(2) 长期——运用大数据助力个性化服务 长期优化策略针对兴奋型服务质量要素,该要素一般是公认的发展趋势,由于受到目前技术、资源等方面的限制,还不能立马实现,因此若不能实现用户也不会在意,但如果实现了将会大大提升用户满意度。刘密霞等(2016)指出大数据的应用能够推进政府管理的现代化和科学化,不仅可以降低治理偏差,还能够充分利用政府已有资源。信息时代,"智慧城市"是当前社会发展和城市治理的新方向,"智慧政府门户"是"智慧城市"的重要组成部分,而大数据的应用是"智慧政府门户"的基础(于施洋等,2013)。大数据应用从长远的角度来看,对政府门户网站提供人性化、智能化的服务将发挥巨大的作用,因此将其纳入长期优化策略。

S 市政府门户网站的兴奋要素为大数据支撑,其在实现用户各项需求的服务质量要素中绝对权重排名第六,详细情况如图 7-12 所示。大数据支撑与以用户为导向两者之间存在正相关关系,网站根据大数据技术收集到的用户基本信息和偏好,来推送或者记忆用户有可能感兴趣的服务和信息,有利于个性化服务的发展。但由于目前 S 市政府门户网站还处于起步阶段,且大数据支撑该项要素改进难度较大,目前开展大数据应用还不现实,所以改进目标的实现还需要较长的一段时间。

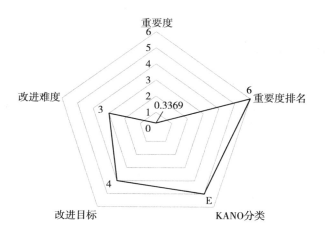

图 7-12 服务质量要素"大数据支撑"

第8章

电子政务服务质量测评的指标、模型与方法

电子政务服务质量研究是电子治理研究的重点与热点问题。本章在对电子政务服务质量影响因素系统分析的基础上，结合相关文献构建政务网站及"两微一端"服务质量测评指标，并基于可拓集合理论建立电子政务服务质量物元评价模型，通过计算各评价因子权重及关联函数，为电子政务服务质量的量化评估提供思路和方法。

8.1 电子政务服务质量测评的相关知识

互联网作为新技术，为全面提升政务服务水平开辟了新路径，为社会管理带来了新气象。尤其是智能化、网络化信息技术，加速了政府治理模式的创新变革，推动了互联网、政务深层次融合。推进"互联网+政务"进程，不仅要关注现代信息技术的进步，更应关注政务服务内容本身，忽略服务内容，再先进的平台也将失去意义。因此，必须坚持以政务服务为核心，全面致力于政务服务本身，加快政务转型升级进程。

8.1.1 电子政务服务质量测评的必要性

电子政务服务呼吁服务质量与评价反馈。电子政务服务是政府及其他公共服务机构通过现代信息技术使公共服务得到充分实现的过程和结果，显然也涉及在线服务质量问题。尤其是我国农村和边远地区，公共服务供给存在"整体不足""供给错位"，区域间供给能力差异较大、分化趋势有所扩大，以及公众个性化、精准化、多元化需求的不断增长与政府供给能力有限之间的矛盾。同时，需要对电子政务服务质量进行分析和评估，以达到电子政务服务质量进行"持续性改进"的目的。在这种境况下，如何构建服务质量与评价反馈机制，及时感知政务服务过程以提升服务结果质量，成为一个迫切需要解决的课题。

8.1.2 我国电子政务服务能力测评概况

中国互联网络信息中心（CNNIC）发布的第48次《中国互联网络发展状况统计报告》

显示，截至2021年6月，我国网民规模达10.11亿，互联网普及率达71.6%。城乡互联网普及率进一步缩小至19.10个百分点。移动政务门户、政务App、小程序等新应用，已经成为互联网时代的重要发展方向，移动政务正逐步成为各级政府为人民群众提供服务的新途径。截至2019年年底，我国31个省（区、市）和新疆生产建设兵团、40余个国务院部门建成政务服务平台，31个省（区、市）均已开通政务机构微博。"网上办、马上办、容易办"成为政务服务趋势，以公安、医疗、人社、教育等领域为重点，积极推进覆盖范围广、应用频率高的政务服务事项向移动端延伸，推动实现更多政务服务事项"掌上办""指尖办"，提升群众获得感。为建立政务服务绩效由企业和群众评判的全国一体化政务服务平台（以下简称"全国一体化平台"）"好差评"体系，不断提升各地区网上政务服务能力和水平，2019年国务院办公厅电子政务办公室继续委托中央党校（国家行政学院）电子政务研究中心，开展省级政府和重点城市网上政务服务能力第三方评估工作，并根据评估结果编制形成了《省级政府和重点城市网上政务服务能力（政务服务"好差评"）调查评估报告（2020）》。

该报告显示，各地区依托全国一体化平台，推动政务服务逐步从低效到高效、从被动到主动、从粗放到精准的转变，政务服务能力和水平持续增强，全国一体化平台的影响力、辨识度、知晓度、美誉度显著提升，全国一体化平台已经成为企业和群众办事的重要渠道。数据显示，网上政务服务能力指数为"非常高"的地区从2016年的3个增加到8个，指数为"高"的地区从2016年的9个增加到15个，网上政务服务能力指数为"低"的首次为零。该报告认为，党的十九届四中全会审议通过的《中共中央关于坚持和完善中国特色社会主义制度　推进国家治理体系和治理能力现代化若干重大问题的决定》从推进国家治理体系和治理能力现代化的战略高度，把推进全国一体化平台建设作为完善国家行政体制、创新行政管理和服务方式的关键举措，为加快推进全国一体化平台建设指明了方向。按照党中央、国务院的决策部署，2019年全国一体化平台框架初步形成，全国政务服务"一张网"的整体服务、协同服务、精准服务、创新服务等方面能力显著提升。总体来看，在以下几个方面取得明显成效：

1) 平台框架初步形成，全国"一张网"整体服务能力显著增强。各地区总体指数和五项分项指数得分均有不同程度提高，特别是一些中西部地区依托一体化平台，充分发挥"后发优势"，网上政务的覆盖程度和服务水平均有显著提升。

2) 网上服务"村村通"覆盖范围持续扩大。21个地区已实现了省、市、县、乡、村服务五级覆盖，比2018年增加了九个地区。

3) 服务精细化供给能力继续提高。省级依申请办理的服务事项从2018年的平均1353项提升至1655项，服务供需不充分不均衡的矛盾得到一定缓解。

4) 政务服务平台品牌影响力显著提升。政务服务平台品牌的辨识度、知晓度、美誉度全面提升，全国9.04亿网民中，平均每三个网民就有一个为一体化平台用户。

5) 减审批优服务成为优化营商环境的驱动引擎。在省级行政许可事项中，平均承诺时限压缩了42.82%，98.32%的事项实现了网上可办，82.13%的事项实现了网上受理和

"最多跑一次"，34.55%的事项实现了网上审批和"零跑动"。

6）全国一体化平台"好差评"体系基本建成。23个地区依托省级政务服务平台，构建了统一的"好差评"闭环评价流程。30个地区实现了多渠道服务评价，26个地区实现了与国家一体化平台"好差评"系统全面对接。

7）制约全面推行"一网通办"的基础性问题得到初步破解。32个省级政务服务平台全部建成省级统一身份认证体系，并实现与国家政务服务平台的互信互认，依申请事项单点登录比例达到66.39%。

8）移动服务发展迅速。32个地区已全部建设开通了政务服务移动端，25个地区开通了政务服务微信公众号。

该报告同时指出，各省级政府网上政务服务还面临着区域间发展不平衡、法律规范尚需完善、业务协同能力有待提升等问题，需要持续深化全国一体化建设思路，全面提升全国一体化平台基础设施服务效率，推动实现从业务上网到服务上网，构建政务服务全渠道服务矩阵，提升企业和群众办事满意度，持续打造"不打烊"的"数字政府"。

8.1.3　电子政务公众服务平台的类型

近年来，政府部门为了加深与广大人民群众之间的联系，建立了电子政务公众服务平台，目前主要采用四种媒体形式，即门户网站、政府微博、政务微信公众号和政务App。第一，对于门户网站，中央政府门户网站是公众与政府互动的渠道，是发布政府信息提供在线服务的综合平台。第二，对于政府微博，王琴（2013）认为，政府微博是我国政府部门的官方微博，即狭义的官方微博，专指以政府部门名义并经过实名认证而开通的微博，主要是发布与政府职能部门相关的政府信息或者公众高度关注的其他信息，并与公民进行即时互动和沟通。徐文佳（2014）将政府微博界定为广义和狭义两种：狭义的政府微博是指以政府部门或机构的名义设立的官方微博；广义的政府微博是指以政府部门或机构设立的微博为主，包括政府官员个人微博在内的微博平台的总和。第三，对于政务微信公众号，微信的开发者腾讯公司认为它是由全国各级政府及相关部门在微信平台上开设的公众号（包括订阅号和服务号），使公民、企业与政府工作人员都能快速便捷地接入本部门的政务信息与业务应用，使之能随时随地获取所需的信息和服务。高凯（2014）认为政务微信是指党政机构及行政事业单位在微信公众平台上申请注册的应用账号，它利用文字、图片、语音、视频等多种传播符号，发布各种政务性信息、事务性信息、服务性信息等，同时肩负着与网民沟通互动的职能，是政府机关借助移动互联网实现精准化传播的新媒体。白倩云（2017）将政务微信概念界定为广义和狭义两种：狭义的政务微信是指中国各级各类政府官方部门经腾讯公司对微信公众号申请主体合法性及相关权利资质审核后推出的官方微信公众号；广义的政务微信，不仅包括政府各级部门、党政机关推出的微信公众号，还包括事业单位、非政府组织等公共部门的微信公众号及公务人员以公职身份公开认证开通的政务微信个人号等。第四，对于政务App，朱燕、綦星龙（2013）认为政务App作为一个全新的一站式移动政务平台，是在移动互联网上以现有政府网站为基础,结合政府资讯、政府微博、政务微信,整合了互联网与移动互联网的手机应用。它为用户了解政务信息、建言献策、办理业务提供了更为便捷的渠道。薛万庆、谢明荣(2015)认为政务 App 是指政府或相关公共服务部门根据自己的政务需求,开发的一种可以在智能手机、平板电脑及其他移动终端的软件程序,具有网络接入更便捷、移动终端更多样、服务内容更丰富、用户体验更人性化等特征。区别于以政务信息传递和公开的政府微博、政务微信及门户网站,它以公共服务为导向,依托网络信息技术,把政府的公共服务装进"口袋",让公众随时随地享受便捷的自助服务,是服务型政府对政府治理的创新探索。

总结以上对于政务公众平台的定义,无论网站、微博还是微信或政务 App,都是政府用来向公众传递信息、实现与公众交互的渠道。

8.1.4 电子政务服务质量测评模型

电子政务服务是电子服务的一种类型,其服务质量评价借鉴了电子服务质量评价模型。在上述理论模型的基础上,学者们提出了 E-GOVQUAL 模型、E-GSQA 模型和黑恩的电子政务服务质量评价模型等评价工具(朱春奎等,2019)。

E-GOVQUAL 模型的电子政务服务质量主要包括可靠性、易用性、信息内容、交互环境、信任和市民支持六个维度。其中,可靠性是指电子政务网站准确并持续地执行服务承诺的能力;易用性是指电子政务网站用户对电子政务网站能及时和准确地提供服务的信心;信息内容是指网站的导航、个性化、技术效率等功能;交互环境是指电子政务网站对用户的支持;信任是指电子政务用户对网站隐私的保护和安全性能的感知;市民支持是指电子政务网站对用户的有用性。

E-GSQA(Zaidi S F H,2012)模型包括系统可用性、实现、安全、效率、信息隐私、回应性等 17 个维度(见图 8-1)。其中,系统可用性、效率、实现、信息隐私来自 E-S-QUAL 模型的核心服务质量量表,回应性、补偿、联系来自 E-S-QUAL 模型的网站回应服务质量量表,功能性、可靠性、信息、交互性、易用性和市民信任来自 E-GOVQUAL 模型(朱春奎等,2019)。

黑恩(Hien,2014)的电子政务服务质量评价模型包括服务质量、信息质量和组织质量三个视角、八个维度(朱春奎等,2019),如图 8-2 所示。其中,服务质量的视角包括可靠性、沟通、回应性三个维度;信息质量的视角包括易用性、内容、信任和安全三个维度;组织质量的视角包括电子治理和首席信息官(CIO)两个维度。该模型最大的亮点是加入了组织维度的考察,将组织对电子政务服务质量的影响纳入评价模型。电子政务服务质量高低与电子政务服务提供组织密切相关,服务递送受组织内部业务流程、领导力、质量管理及监测和控制等诸多方面的影响。

电子政务服务质量的评价模型基本都以 SERVQUAL 模型和电子服务质量评价的模型为基础,对质量维度进行了扩展,提出的评价框架或者模型中基本涵盖技术、信息、服务、安全和组织五个维度。其中,技术维度是指电子服务平台的技术特性,包括门户网站的质

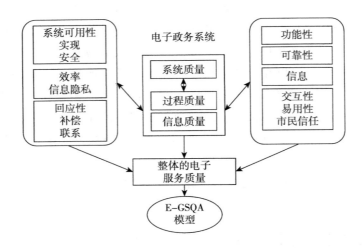

图 8-1　E-GSQA 模型

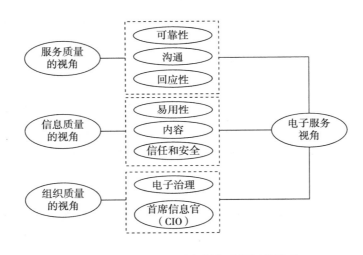

图 8-2　黑恩的电子政务服务质量评价模型

量、系统的质量和可用性；信息维度是指电子政务平台提供的信息的质量；服务维度是指电子政务平台所提供的服务的质量，包括客户支持、供选择的渠道、行为的透明性、抱怨处理、礼貌、专业、回应性、个性化服务等；安全维度是指政府电子政务平台的技术特性和用户安全感知，包括隐私、安全、可靠性、服务递送等；组织维度是指提供电子服务的组织特性，包括 IT 战略、CIO 和领导力等。

电子政务服务质量评价是一个涵盖多方参与主体的综合性问题，对其服务质量进行评价时要从运营管理及服务特性等角度的综合概念进行定性与定量的分析。通过总结分析前人的研究成果，从系统角度出发，构建电子政务服务质量评价指标体系，在此基础上，构建基于可拓物元理论与层次分析法（AHP）的电子政务服务质量评价模型，以实现电子政务服务质量综合量化评估，旨在为提高电子服务质量提供一定参考。

8.2 电子政务服务质量测评指标体系

8.2.1 基于服务能力的电子政务服务质量指标体系

电子政务服务质量是基于多项政务维度测评加权而得到的综合评价，现有电子政务服务质量测评指标体系构建大多基于政府外部视角（胡勇等，2008；杨雅芬，2013），较少从内部视角切入，未能体现电子政务服务内部的作用效果。因此，这里主要借鉴胡广伟等（2010）和潘文文等（2016）依据资源能力理论、组织能力理论、组织实践理论，从政府内部视角切入构建指标体系。目标层为电子政务服务质量，一级指标为政务 App 及"两微一端"（微博、微信和新闻客户端），二级维度分别为信息服务能力、事务服务能力、参与服务能力、服务提供能力、服务创新能力及微影响力等维度（胡广伟，2012；潘文文等，2016；胡广伟等，2017），政府电子政务服务平台质量测评指标见表 8-1。

表 8-1 政府电子政务服务平台质量测评指标

目标层	一级指标	二级指标	三级指标
电子政务服务质量	政府网站服务质量	信息服务能力	有用实用
			来源权威
			时间效度
			易得可得
		事务服务能力	公众（个人）办事
			企业（法人）办事
			全程办理率
		参与服务能力	参与管理
			参与回应
			参与反馈
		服务提供能力	便捷易用
			公平
			稳定可靠
		服务创新能力	意见与建议接纳能力
			分享传播能力
	政务 App 服务质量	信息服务能力	有用实用
			来源权威
			时间效度
			易得可得

(续)

目标层	一级指标	二级指标	三级指标
电子政务服务质量	政务App服务质量	事务服务能力	效率效果
		参与服务能力	参与管理
			参与回应
			参与反馈
		服务提供能力	渠道面
			覆盖面
			易得性
			稳定可靠
			易用性
			使用反馈
			社交性
	政府微博服务质量	信息服务能力	有用实用
			来源权威
			时间效度
			易得可得
		微影响力	受众规模
			信息规模
			全程办理率
		服务提供能力	发布时长
		服务创新能力	采纳质量
			吸收质量
	政务微信服务质量	信息服务能力	有用实用
			来源权威
			时间效度
			易得可得
		事务服务能力	效率效果
		参与服务能力	参与渠道
		微影响力	受众规模
			信息规模
		服务提供能力	便捷易用

信息服务能力（Information Service Capability）是电子政务服务的基本内容，是指政府通过电子政务平台向公众、企业等发布公共信息，以促进行政的公开化、透明化及数据资源广泛共享的服务方式（Hu G, Zhong W, Mei S, 2008）。事务服务能力（Transaction Service Capability）是电子政务服务应用中IT复杂性高、业务协同难度大的服务内容，是协助企业、公众办理各项行政性事务的服务，能有效地提高企业、公众办事的效率（Relly

J E，Sabharwal M，2009；王琴，2013）。参与服务能力（Participation Service Capability）是电子政务服务应用中对网络安全性、系统交互能力、系统管理功能等要求最高的内容，旨在为企业、公众参与政策制定和行政决策提供服务，以提高政策与决策的质量及可接受水平（Relly J E，Sabharwal M，2009）。服务提供能力（Service Delivery Capability）是电子政务服务提供过程中表现出来的特性，是提供满意服务的过程化衡量指标。服务创新能力（Service Innovation Capability）是指组织在不断变化的用户需求及社会与技术环境中表现出来的快速应对能力（潘文文等，2016）。微影响力（Wechat/Weibo Influence Capability）是新媒体的综合影响能力，影响用户接受程度，有助于发挥新媒体优势。

8.2.2 基于公众满意的电子政务服务质量评估的指标体系

1. 指标的选取及体系结构

基于公众满意的电子政务服务质量评估体系的指标来源主要有两方面的依据：一方面是以新公共管理理念为基础，基于国外电子政务绩效评估经验与目前我国电子政务绩效评估的得失来选取评估指标；另一方面是基于公众是政府的顾客并借鉴企业对顾客满意度的研究，从公众满意的角度设置评估指标。因此，在借鉴这些研究成果的基础上，结合我国国情，可以确定基于公众满意的我国电子政务绩效评估的七个基本要素，即指标体系的一级指标：公众预期、感知质量、感知价值、公众满意、政府形象、公众信任和公众参与。下面对每个要素做具体说明。

公众预期（Citizen Expectation）是指电子政务顾客在使用电子政务门户网站前，对政府提供电子政务公共服务的期待和希望。感知质量（Perceived Quality）是指电子政务的顾客在使用政府门户网站后对其提供的在线产品和在线服务质量的总体性评价。感知价值（Perceived Value）考察的是公众对电子服务效益的感知，通俗地说，就是电子政务的顾客在使用门户网站时感知是否获得了准确、最新、全面、适合自身偏好的信息服务，特别是通过接受这些在线服务得到了哪些好处。公众满意（Citizen Satisfaction）一般是指公众在将对电子政务的预期与实际感觉比较后产生的感觉。政府形象（Government Image）是指电子政务顾客在使用完政府门户网站的服务后，在记忆中反映出来的对政府的感知，即公众在使用电子政务后对政府的看法。公众信任（Citizen Reliability）主要体现在公众对在线服务的信心和支持上，具体表现为对电子政务的重复使用。公众参与（Citizen Participation）是指公众通过政府网络参与公共事务的积极性。

上述七个一级指标与电子政务公众满意度的关系是：假设公众的预期越高，电子政务公众满意度越高；公众感知的质量越高，电子政务公众满意度越高；公众感知的价值越高，电子政务公众满意度越高；公众越满意，电子政务公众满意度越高；政府信息的透明度越高，更新越及时，电子政务公众满意度越高；公众越信任，电子政务公众满意度越高；公众参与电子政务的积极性越高，电子政务公众满意度越高。根据我国电子政务发展的特点，将上述七个一级指标展开为具体的二级指标，再根据这些二级指标设定评估体系中的三级指标，从而构建出公众满意的电子政务服务质量评估指标体系，见表8-2。

表 8-2　公众满意的电子政务服务质量评估指标体系

一级指标	二级指标	三级指标
公众预期	公众总体期望	内容的多样性、网站使用的便捷性、服务宽度和舒适度
	需求程度	服务的有效性、公众使用电子服务的利益
	可靠性	网站可用性和内容的可信性、动态性、安全可靠
感知质量	内容全面可用	在线信息发布、在线数据库、音频和视频按钮、网站的等级、个性化服务、信息查询和导航、网站语种、域名规范、发布的及时性、信息更新速度
	服务便捷可靠	电信基础设施、使用网络用户接口友好性、标志清晰、主页长度合适、残疾人接入、支持多种语言、个人数字助理（PDA）接入、网站营销、病毒防御、入侵检测、漏洞扫描、网络隔离、口令密码、授权管理、数字证书、安全锁、时间戳、隐私政策、电子法规、识别鉴定、加解密码、数字签名、自动邮件提示更新信息、服务的深度和宽度、服务传递的范围
感知价值	公众受益程度	可使用性和有效性、方便性、成本最低、电子邮件服务、获取服务的自主性、提供个性化服务
	社会总受益	社会福利增加、公众满意度提升
公众满意	总体满意度	所有使用者的满意程度、服务数量百分比、公众数量和类型增加
	内容与期望	评价和使用度、依赖程度
	质量与期望	反应度、影响力
政府形象	政府透明度	知晓度、浏览数量、信息的全面性
	政府责任度	业务流程的再造、创新的在线服务、传统到在线的转变、传递效率、消除数字鸿沟的能力
	政府可信度	标准统一、态度、沟通和回馈
	政府管理效率	解答问题及时、整合政务、信息更新及时、办理速度快
公众信任	公众的信心	安全性、熟悉程度和使用程度、接受度和使用率
	公众的支持	群体扩大、使用率、接受度、推荐他人使用
公众参与	参与政务活动	互动水平、互动决策、公开信息和答疑、评论和咨询、调查和决策、电子投票、网上监督、公开会议、绩效评估、获取政府网站信息、同政府一起参与小区或公共事务讨论、通过互联网向政府提供个人或家庭信息、百姓评议、在线反馈
	参与一般活动	小区论坛、约会沟通、在线咨询和答疑、电子邮箱、政府服务、邮件订阅、投诉信箱、意见征集、在线访谈

（1）公众预期　公众预期即公众期望，由三个二级指标来反映：①对电子产品内容和电子服务质量的总体期望（包括在线信息的内容的多样性和新颖性，网站使用的便捷性、服务宽度和服务使用的舒适度）；②对电子产品内容和电子服务质量满足公众需求程度的期望（包括电子服务的有效性、公众使用电子服务的利益）；③对电子产品内容可用性和电子服务可靠性的期望（包括网站的可用性和内容的可信性、服务的动态性、在线服务安全可靠）。

（2）感知质量　感知质量可以由两个二级指标来反映：①在线信息内容的全面性、可用性和及时性（包括在线信息发布、在线数据库、音频和视频按钮、网站的等级、个性化服务、信息查询和导航、网站语种、域名规范、发布的及时性、信息更新速度）；②在线服务使用的便捷性、可靠性和服务的成熟度（包括电信基础设施、使用网络用户接口友好性、标志清晰、主页长度合适、公众导向连接或管道、残疾人接入、支持多种语言、PDA接入、网站营销、病毒防御、入侵检测、漏洞扫描、网络隔离、口令密码、授权管理、数字证书、安全锁、时间戳、隐私政策、电子法规、识别鉴定、加解密码、数字签名、自动邮件提示更新信息、服务的深度和宽度、服务传递的范围）。

（3）感知价值　感知价值可以通过两个二级指标来说明：①公众使用电子政务的受益程度（包括系统的可使用性和帮助工具的有效性、获得服务的方便性、节约时间和减少成本、免费电子邮件服务、获取服务的自主性、提供个性化服务）；②公众对电子服务创造的社会总价值的感知（包括社会福利增加、公众满意度提升）。

（4）公众满意　公众满意可以由三个二级指标来反映：①公众使用电子产品和电子服务的总体满意程度（包括公众的满意程度、服务数量百分比、公众数量和类型增加等）；②对在线信息的内容与期望的比较（包括公众对网站的反应、在线服务对公众的实际影响）；③对在线服务的质量与期望的比较（包括公众对在线服务的反应度、影响力的实际感知质量和期望）。

（5）政府形象　政府形象可以通过四个二级指标来说明：①政府的透明度和公开度（包括公众对政府网站所提供的信息或服务的知晓情况、能浏览的政策网页数量、提供的政府信息是否全面）；②政府的责任度（包括政府业务流程的再造、提供创新的在线服务、帮助公众从传统服务到在线服务的迅速转变、提高服务传递的效率、消除数字鸿沟的能力）；③政府的可信度（包括所有政府部门的主要标准统一、对公众要求的态度、有更多的沟通和回馈）；④政府的管理效率（包括解答公众问题及时、整合政务、政府信息更新及时、在线办理速度快）。

（6）公众信任　公众信任可以通过两个二级指标来说明：①公众对电子服务的信心（包括在线服务的安全性、对网站的熟悉程度和使用程度、公众对电子政务的接受度和使用率）；②公众对电子服务的支持（包括使用在线服务的关键群体扩大、公众对网络管道的使用率增加、对政府公共服务的接受程度、继续使用和推荐他人使用）。

（7）公众参与　公众参与可以由两个二级指标来反映：①公众通过政府网站参与政务活动（包括政府与公众互动水平、公众参与互动决策、公开信息和答疑、在线评论和咨询、在线调查和决策、电子投票、网上监督、公开会议、基于公众利益的政务绩效评估、使用互联网获取政府网站信息、在线同政府一起参与小区或公共事务讨论、通过互联网向政府提供个人或家庭信息、百姓评议、在线反馈）；②公众通过政府网站参与一般活动（包括小区论坛、约会沟通、在线咨询和答疑、电子邮箱、银行账户支付服务、邮件订阅、投诉信箱、意见征集、在线访谈）。

2. 权重确定

电子政务公众满意度测评指标体系反映了政府提供的在线服务的水平和特征，每项指针在测评体系中的重要性是不同的，各个指标对公众的意义和重要性也是不同的，所以各个指标对公众满意度的影响程度也是不同的。反映重要性和影响程度的尺度是权重，为了明确各项指标在体系中的重要程度，需要分别赋予各项指标不同的权重，本书采用层次分析法来确定评估指标的权重。

（1）建立结构层次图　层次分析法（AHP）是由美国运筹学家Saaty于20世纪70年代提出的，是一种将决策者的定性判断和定量计算有效结合起来的实用的决策分析方法。它把复杂的问题分解为各个组成元素，将这些元素按支配关系分组成有序的递阶层次结构，通过"两两比较"的方式确定层次中诸元素的相对重要性，并给出相对重要性之比的数量关系，然后再转为对这些元素的整体权重进行排序判断，最后确立各因素的权重。公众满意度评估指标体系中多为定性指标，应用层次分析法来分析有利于定性指标的量化，还将有助于减少评估中的人为因素，使评估结果具有较高的科学性、重复性和可比性。下面将利用层次分析法，通过计算、归纳，最终得到一套科学的指标权重。基于公众满意的电子政务服务质量一级指标结构层次，如图8-3所示。

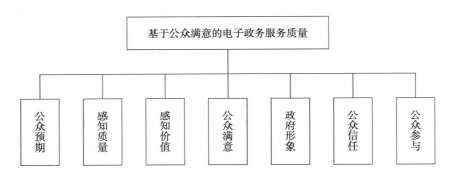

图8-3　基于公众满意的电子政务服务质量一级指标结构层次

（2）构造两两比较判断矩阵　首先，引入相对重要性的标度，这里采用1~9及其倒数的标度方法，它主要用来反映人们对各指标相对重要性（或强度）的认识。九级分制标度表见表8-3。

表8-3　九级分制标度表

标度	含义
1	表示两个指标相比，具有相同重要性
3	表示两个指标相比，i因素比j因素稍重要
5	表示两个指标相比，i因素比j因素明显重要
7	表示两个指标相比，i因素比j因素强烈重要
9	表示两个指标相比，i因素比j因素极端重要
2、4、6、8	表示上述相邻判断的中间值
倒数	若i因素与j因素重要性之比为a，则j因素与i因素重要性之比为$1/a$

其次，根据对各指标在电子政务公众满意度评估中的重要程度的认识，结合公众对各项指标的关注程度和专家的经验构造判断矩阵。根据判断结果建立矩阵，见表8-4。

表 8-4 指标的两两比较矩阵

	公众预期	感知质量	感知价值	公众满意	政府形象	公众信任	公众参与
公众预期	1	1/9	1/2	1/5	1/11	1/7	1/3
感知质量	9	1	7	3	1/3	2	5
感知价值	2	1/7	1	1/3	1/9	1/5	1/2
公众满意	5	1/3	3	1	1/5	1/2	2
政府形象	1/1	3	9	5	1	5	7
公众信任	7	1/2	5	2	1/5	1	3
公众参与	3	1/5	2	1/2	1/3	1/7	1

(3) 计算权重 采用特征根法可以计算权重。

(4) 求得权重 公众期望为 0.0221，感知质量为 0.2241，感知价值为 0.0337，公众满意为 0.0886，政府形象为 0.4395，公众信任为 0.1386，公众参与为 0.0534。

按照同样的方法计算得出二级指标的权重，各个二级指标的权重还须乘以上一级指标的权重，得到最后的权重，公众总体期望为 0.23，需求程度为 1.41，可靠性为 0.57，内容全面可用为 5.61，服务便捷可靠为 16.8，公众受益程度为 2.53，社会总受益为 0.84，总体满意程度为 5.64，内容与期望为 0.93，服务与期望为 2.29，政府透明度为 25.32，政府责任度为 10.68，政府可信度为 5.21，政府管理效率为 0.74，公众的信心为 3.47，公众的支持为 10.39，参与政务活动为 4.00，参与一般活动为 1.34。至于三级指标的权重，由于测评指标已经进一步细化，假设它们对上一级指标的影响忽略不计，因此不对其进行测算，而是赋予相同的权重，即假设每一个三级指标对上一级指标的影响程度是相等的。

8.2.3 基于绩效的电子政务服务质量评估指标体系

当前，政务信息公开、在线公务服务和公众参与的三大功能定位已经被各级政府在线服务平台工作者和社会公众普遍认同。三大功能定位的实现程度直接决定了政府电子政务绩效水平的高低，也直接展示了政府职能转变与管理创新的意识和效果，加强并提高三大功能的内容供给能力是目前我国政府电子政务建设的核心内容。因此，这里基于电子政务服务绩效的视角，从信息服务能力、在线办事服务、政民互动、网站性能四个方面来构建政府电子政务服务评价指标体系，并将总体评价内容划分为定量指标和定性的分析指标。

1. 信息服务能力

信息功能是政府电子政务的首要功能，衡量政府电子政务的信息服务能力，主要考察网站的信息功能是否完善，是否能够及时准确地发布、传递政府信息给公众，同时公众的意见和信息是否能迅速地反馈到政府有关机构。这一指标主要包括以下二级指标：

(1) 区域概况 主要从信息服务的充实性和时效性两个维度来考察电子政务信息服务是否能够及时、全面、详尽地提供区域信息，如所在地区的自然地理、历史沿革、行政区划与人口状况、经济发展、城市建设等指标。

(2) 政务信息公开 主要考察电子政务平台信息公开的实现程度，评价各种政务信息，特别是资源配置信息、监督管理信息、整合下属机构信息等方面的披露和公开情况。

这一指标主要考察政务信息公开的时效性和规范性，以及信息公开的透明性。

（3）便民服务信息　对公众和访问浏览者提供的方便服务信息，包括办事流程、天气查询、公共交通、本地生活信息等。

2. 在线办事服务

随着近几年政府信息化建设的推进，目前政府电子政务已能提供几大类上百项服务内容。根据在线服务的特征及国内外政府电子政务提供在线服务的种类，设置了在线办事服务的指标，基本涵盖了电子政务服务模式中的主要内容。为了便于统计，具体指标根据在线服务的对象进行了划分：

（1）个人网上办事服务　这是对个人的服务，即政府向公民提供的公共管理与服务，如户籍管理、教育、就业等。

（2）企业网上办事服务　这是企业的服务，即政府向企事业单位主体提供的商业性服务，如企业设立与变更、纳税、年检、保险等。

这类指标主要从是否提供办事指南、表格下载、在线办理、在线查询等几个维度考察在线办事的广度，即其提供服务的覆盖面，同时还考察了在线办事的深度，即其是否提供了完善的在线服务功能。

3. 政民互动

政民互动是指社会公众可以在政府电子政务平台上通过信箱、调查、留言等方式与政府进行信息交流与沟通，使主管公共事务的政府工作人员能够更好地了解民意，优化和完善符合公众利益的政策决策方式和流程。同时，通过这些方式，加强政府与公众之间的互动，建立起政府与公众之间的公共信息反馈机制，促进政治文明程度的提升。

4. 网站性能

对政府电子政务服务质量重点考察两个方面的因素：一方面，倡导政府电子政务加强设计创新，以美观大方、简洁庄重的网站页面展现出本地区的特色与风貌，同时应对政府电子政务内容进行科学合理的布局，体现网站"给谁提供服务，由谁提供服务，以及提供何种服务"，提高政府电子政务的可用性和易用性；另一方面，政府电子政务服务质量的评价还应该包括对其进行定性分析和描述，定性分析指标主要由以下几项指标构成：

（1）域名规范性　是否遵循统一的域名命名规则。

（2）网站认证　作为一个合法的企业网站，不仅应当提供工商认证，对于某些特定行业，还应该提供各种相应认证。

（3）链接有效性　在企业网站中，链接有效性具有极其重要的地位。无效链接会直接影响用户对网站本身的信任度。

（4）下载时间　下载时间是指网页响应时间，一个网页的打开时间超过20s会引起浏览者的厌恶感。实际的评价中，网页的加载速度应当以拨号方式来进行测评并且仅考虑首页的下载时间。

电子政务服务评估指标构成及说明见表8-5。

表 8-5 电子政务服务评估指标构成及说明

一级指标	二级指标	三级指标	评估要点
信息服务能力	政务信息公开	概况信息	政府机构的设置及机构职能、领导信息和其他概况信息
		政务公开	政府向公众公布的政务重要事项等
		工作动态	通知公告、政府会议、政府日常工作动态、经济新闻动态等
		规划计划	政府的工作计划、中长期的发展规划、工作总结、公报、政府工作报告
		法规文件	法律法规、政府政策法规（政府公开目录）
		人事信息	政府人事任免、干部选拔、公务员考录、教育培训等
		财政信息	政府采购招投标、财政预算决算、专项工作的资金分配及工作进展、重大项目等
		统计信息	政府统计数据、委办局及所辖区县政府业务工作的统计数据
		招商引资	本地投资指南、优惠政策、招商项目等
		应急管理	突发公共事件的应急预案、预警信息及应对情况
		专题专栏	热点工作、重点工作的专题综合信息公布
	便民服务信息	天气查询	天气预报公布、市区空气质量状况
		邮政信息	邮政编码、常用区号、常用电话等
		数字地图	本市电子地图
		生活信息	宾馆、旅游景点、医院药店、文体娱乐、家政、购物饮食等服务查询
在线办事服务	面向个人	户籍管理	户籍迁入登记管理办法
		社会保障	城乡低保、临时救助、特困人员救助、社会救助公示
		交通	出行服务、公交调整、数字地图
		出入境管理	出入境信息一键通、前往国家（地区）入境临时管制措施查询、我国口岸通行情况查询
		纳税	办税、发票查询、欠税查询、涉税专业服务机构信息公告和查询
		医疗卫生	医院名单名录、国家基本药物名录、医疗社保定点报销名单、预防接种门诊一览、社区卫生服务中心
		生育收养	惠民政策、办事指南、政策解读、法律条例
		住房	住房租赁相关政策法规、房屋交易信息查询、房屋交易进度查询、房源信息验证、房屋安全鉴定机构名录查询、住房公积金查询
		死亡殡葬	殡葬服务机构名录、殡葬服务机构收费标准、惠民殡葬政策的公示与解读
		教育	教育收费银行代收缴费查询、学校信息、招生信息、学历查询、院校信息
		法律司法	律师查询、律师事务所查询、司法鉴定机构查询、公证机构查询、基本法律服务所查询、法律援助机构查询、仲裁机构查询
		婚姻	婚姻登记机关联系方式、婚姻登记工作细则、婚姻登记声明书、婚姻法解释
		就业	就业登记、失业登记、职业指导、社会保险政策解读

(续)

一级指标	二级指标	三级指标	评估要点
在线办事服务	面向企业	开办设立	注册登记信息查询
		变更注销	变更手续查询
		质量监督	评估细则、评估工作通知、处罚告知书送达公告、直销监管系统、网络交易监管信息、企业信用信息查询
		城建规划	总体规划分布、建筑项目规划公布、建筑方案规划公布
		年检年审	企业年报公示及信用监督
		企业纳税	税务查询、发票查验、办税日历、办税地图
		生育收养	
		工商管理	企业登记电子档案、商业主体登记办事指南
		农林环保	企事业单位环境信息公开、社会环境监测机构
		土地房产	建筑项目审批查询、用地审批结果查询
		劳动保障	劳动能力复查鉴定申请、劳动人事争议仲裁申请
		工程造价	建筑工程保障中心、建筑工程质量监督
		安全防护	工伤康复申请
		交通管理	发布交通管制信息
		对外交流	外国人来华工作许可
		新闻广电	新闻广电信息服务
		人力资源	人力资源招聘会服务
政民互动	信箱类	渠道功能	渠道能够实现的功能，易用性，好用性
		答复情况	处理信件的数量，答复的质量
	调查类	渠道功能	渠道能够实现的功能，易用性，好用性
		内容策划	内容主题选择是否围绕本级政府政务工作
		统计结果	调查结果的统计分析，结果的公开
	投诉及建议类	渠道功能	渠道能够实现的功能，易用性，好用性
		内容策划	内容设置是否体现本级政府政务工作，是否能与政府工作相结合
		答复与汇编	答复情况及定期汇编
网站性能	访问性能	域名规范性	是否遵循统一的域名命名规则
		下载时间	网页的加载速度应当以拨号方式进行测评并且仅考虑首页的下载时间
		链接有效性	在企业网站中，链接有效性占有极其重要的地位。无效链接会直接影响用户对网站本身的信任度
	辅助性能	网站认证	应有各种相应认证
		搜索功能	信息搜索功能、检索方式等
		联系方式	是否提供网站维护单位及联系方式

综上所述，电子政务服务平台作为一个政府"政务公开的媒体、网上办事的平台、透视政府工作的窗口、联系社会公众的纽带"，倡导政府按照"以需求为导向、以整合为核心、以政府网站为平台"的服务理念，深入分析、认真总结人民群众最根本和最关心的问

题，加大公共服务资源的整合力度，不断丰富政府网站服务内容、创新服务方式，提升网站的便民服务水平，针对用户要做到"好用、实用、够用"。此外，要完善服务框架，丰富服务内容，提高政府网站和 App 的服务能力。深入研究用户的类型和需求，全面梳理政府业务事项，逐步丰富网站服务内容、完善服务框架，并按照办事服务流程整合资源，提高"一站式"的服务水平。结合用户使用习惯，不断改进和创新服务功能，为用户提供直观有效的导航方式，提高服务人性化程度，方便公众在线获取政府服务。

8.3 电子政务服务质量的 AHP 物元模型构建

物元分析通过引入"物元"概念，利用可拓集合理论对事物进行量化分析。它是一项重要的数学工具，在创造性思维、人工智能、决策、识别及评价等领域都得到了广泛应用。在物元分析中，将事物对象、事物特征和事物特征量值三个元素有机结合，并以一定的顺序组成一个有序三元组，作为描述事物的基本元，称为物元。物元分析的主要思想是代入各类评价指标特征向量，并参照其对应评语集实施物元变换，从而计算待评物元与各等级评语集合的关联度，最后选取最大关联度中最大值对应的等级，作为待评物元的隶属等级。

8.3.1 电子政务服务质量物元确定

以事物 N 为电子政务服务质量，其关于特征 c 的量值为 v，以有序三元组 $R = (N,c,v)$ 作为描述事物的基本单元，即电子政务服务质量。该物元 R 有 n 个特征（评价指标），分别用 $c_i(i = 1,2,\cdots,n)$ 表示，对应的量值为 $v_i(i = 1,2,\cdots,n)$，则电子政务服务质量物元可以表示为

$$R = \begin{bmatrix} N & c_1 & v_1 \\ & c_2 & v_2 \\ & \vdots & \vdots \\ & c_n & v_n \end{bmatrix} \tag{8-1}$$

8.3.2 经典域与节域物元确定

对于电子政务服务质量物元，假定其每一个特征 $c_i(i = 1,2,\cdots,n)$ 都有若干等级以描述各个特征（评价指标）发展的水平和好坏，称为经典域物元 R_B，即

$$R_B = (N_B,c,v_B) \begin{bmatrix} N_B & c_1 & (a_{B_1},b_{B_1}) \\ & c_2 & (a_{B_2},b_{B_2}) \\ & \vdots & \vdots \\ & c_n & (a_{B_n},b_{B_n}) \end{bmatrix} \tag{8-2}$$

对于电子政务服务质量物元，其每一个特征 $c_i(i = 1,2,\cdots,n)$ 都存在一个取值区间，以描述各个特征（评价指标）发展的范围，称为节域物元 $\boldsymbol{R}_p$，即

$$\boldsymbol{R}_p = (N_p, c, v_p) = \begin{bmatrix} N_p & c_1 & (a_{p_1}, b_{p_1}) \\ & c_2 & (a_{p_2}, b_{p_2}) \\ & \vdots & \vdots \\ & c_n & (a_{p_n}, b_{p_n}) \end{bmatrix} \tag{8-3}$$

8.3.3 基于 AHP 的权重确定

基于 AHP 的权重计算方法思路是，首先根据隶属关系与类别将各个指标排列成若干层次（见表8-1），然后对最低级层次中各个指标的重要程度进行两两对比，从而量化确定各个指标的相对重要性，并构建指标相对重要性量化值的判断矩阵如下：

$$\boldsymbol{A} = \begin{bmatrix} a_{11} & a_{12} & \cdots & a_{1n} \\ a_{21} & a_{22} & \cdots & a_{2n} \\ \vdots & \vdots & & \vdots \\ a_{n1} & a_{n2} & \cdots & a_{nn} \end{bmatrix} \tag{8-4}$$

其中，判断矩阵中元素 a_{ij} 表示指标 i 相对于指标 j 的重要程度值，且 a_{ij} 与 a_{ji} 互为倒数，根据判断矩阵 $\boldsymbol{A}$ 计算其最大特征值 $\lambda_{\max}$ 及对应的特征向量 $\omega = (\omega_1, \omega_2, \cdots, \omega_n)$，同时计算一致性指标 CR 判断一致率，即

$$\mathrm{CR} = \frac{\mathrm{CI}}{\mathrm{RC}}, \quad \mathrm{CI} = \frac{\lambda_{\max} - n}{n - 1}$$

式中，RC 为随机一致性指标，当 CR < 0.1 时，认为一致性可以接受。一致性检验通过后，最终得到的特征向量 ω 即为评价指标的权重系数。平均随机一致性指标见表8-6。

表 8-6 平均随机一致性指标

n	1	2	3	4	5	6	7	8	9
RC	0.00	0.00	0.58	0.90	1.12	1.24	1.32	1.41	1.45

8.3.4 关联函数与综合关联度确定

根据可拓集合论和电子政务的基本特性，采用以下关联函数表示待评价的电子政务服务质量与事先拟定的评价等级的隶属程度。电子政务服务质量物元 R 的评价指标 i 关于评价等级 j 的关联度函数 $k_j(x_i)$ 可以表示为

$$k_j(x_i) = \begin{cases} \dfrac{p(x_i, x_{ji})}{|p(x_i, x_{pi}) - p(x_i, x_{ji})|}, & x_i \notin x_{ji} \\ \dfrac{-p(x_i, x_{ji})}{|x_{ji}|}, & x_i \in x_{ji} \end{cases} \tag{8-5}$$

$$p = (x_i, x_{ji}) = \left| x_i - \frac{(a_{ji} + b_{ji})}{2} \right| - \frac{(b_{ji} - a_{ji})}{2} \tag{8-6}$$

$$p = (x_i, x_{pi}) = \left| x_i - \frac{(a_{pi} + b_{pi})}{2} \right| - \frac{(b_{pi} - a_{pi})}{2} \tag{8-7}$$

设事物每个特征 c_i 对应的权值为 ω_i，则物元 R 关于不同等级 j 的多指标综合关联度 $k_j(R)$ 可以表示为

$$k_j(R) = \sum_{i=1}^{n} \omega_i k_j(x_i) \tag{8-8}$$

$$K(R) = \max k_j(R) \tag{8-9}$$

对于电子政务服务质量物元 R，综合关联度 $k_j(R)$ 值越大，表示电子政务服务质量属于第 j 等级的关联度越高，$K(R)$ 则表示电子政务服务质量隶属于等级 j。

8.3.5 小结

电子政务服务是政府及其他公共服务机构通过现代信息技术使公共服务得到充分实现的过程和结果，提升"互联网+政务服务"质量事关国家现代化服务建设的重要战略。本书通过电子政务服务质量影响因素分析，选取相关指标构建评价体系，在此基础上建立电子政务服务质量物元评价模型。AHP 物元评价模型在电子政务服务质量评价中具有较好的可行性，并且计算方便、步骤清晰。该方法在得到电子政务服务质量综合评价结果的同时，也将评价体系中各类指标的评价结果用具体的数值反映出来，从而为提高电子政务服务质量提供合理建议。

在电子政务服务质量的评价中，各种因素对电子政务服务质量的影响程度各异，各级政府需要根据实际情况，识别影响电子政务服务质量改进的关键因素，进而提升电子政务服务质量。

8.4 TOPSIS 评价方法

8.4.1 TOPSIS 评价方法的思想和原理

TPOSIS（Technique for Order Preference by Similarity to an Ideal Solution）法是系统工程中有限方案多目标决策分析的一种常用方法。多目标决策是具有两个以上的决策目标，并且需用多种标准来评价和优选方案的决策。例如，一个重大技术改造项目的决策，就要考虑经济效益、社会效益、安全生产与环境保护等多方面的目标，需要用多种标准进行评价方案和优选方案。其特点是：①由于目标和标准的多样性，造成方案的比较工作复杂，难以找到使所有目标达到最佳的方案；②决策过程是从淘汰较差方案开始，在剩下的方案中选取满意的方案，用满意标准取代最优标准。

TOPSIS 法是 C. L. Hwang 和 K. Yoon 于 1981 年首次提出的，根据有限个评价对象与理想化目标的接近程度进行排序的方法，是在现有的对象中进行相对优劣的评价。

使用 TOPSIS 方法，先归一化处理原始数据矩阵，找出有限方案中的最优方案和最劣方案，然后通过求出某一方案与最优方案和最劣方案之间的距离，得出该方案与最优方案的接近程度，并以此作为评价各单元优劣的依据。相对接近度（C 值）介于 0 和 1 之间，越接近于 1，表明该评价单元越接近最优水平；越接近于 0，表明该评价单元越接近最劣水平。按 C 值大小进行排序，越高者为越优解，表示该方案综合效益越高。

8.4.2 TOPSIS 评价方法的步骤

遇到多目标最优化问题时，通常有 m 个评价目标 D_1，D_2，…，D_m，每个目标有 n 评价指标 x_1，x_2，…，x_n。首先邀请相关专家对评价指标（包括定性指标和定量指标）进行打分，然后将打分结果表示成数学矩阵形式，建立下列特征矩阵：

$$D = \begin{bmatrix} x_{11} & \cdots & x_{1j} & \cdots & x_{1n} \\ \vdots & & \vdots & & \vdots \\ x_{i1} & \cdots & x_{ij} & \cdots & x_{in} \\ \vdots & & \vdots & & \vdots \\ x_{m1} & \cdots & x_{mj} & \cdots & x_{mn} \end{bmatrix} = \begin{bmatrix} D_1(x_1) \\ \vdots \\ D_i(x_j) \\ \vdots \\ D_m(x_n) \end{bmatrix}$$

$$= [X_1(x_1), \cdots, X_j(x_i), \cdots, X_n(x_m)]$$

步骤一：用向量规范法求得规范决策矩阵 R

对特征矩阵进行规范化处理，得到规格化向量 r_{ij}，建立关于规格化向量 r_{ij} 的规范化矩阵。

$$r_{ij} = \frac{x_{ij}}{\sqrt{\sum_{i=1}^{m} x_{ij}^2}} (i = 1,2,\cdots,m; j = 1,2,\cdots,m)$$

步骤二：构造权重规范化矩阵

通过计算权重规格化值 v_{ij}，建立关于权重规范化值 v_{ij} 的权重规范化矩阵。

$$v_{ij} = w_j r_{ij} (i = 1,2,\cdots,m; j = 1,2,\cdots,n)$$

式中，w_j 是第 j 个指标的权重。在基于应用服务提供商（ASP）的动态联盟制造资源评估模型中，采用的权重确定方法有德尔菲法（Delphi 法）、对数最小二乘法、层次分析法（AHP）等。

步骤三：确定理想解和反理想解

根据权重规格化值 v_{ij} 来确定理想解 A^* 和反理想解 A^-：

$$A^* = (\max_i v_{ij} \mid j \in J_1), (\min_i v_{ij} \mid j \in J_2) \mid i = 1,2,\cdots,n = v_1^*, v_2^*, \cdots, v_j^*, \cdots, v_n^*$$

$$A^- = (\min_i v_{ij} \mid j \in J_1), (\max_i v_{ij} \mid j \in J_2) \mid i = 1,2,\cdots,n = v_1^-, v_2^-, \cdots, v_j^-, \cdots, v_n^-$$

式中，J_1 是收益性指标集，表示在第 i 个指标上的最优值；J_2 是损耗性指标集，表示在第 i 个指标上的最劣值。收益性指标越大，对评估结果越有利；损耗性指标越小，对评估结果越有利。反之，则对评估结果不利。

步骤四：计算距离尺度

计算距离尺度，即计算每个目标到理想解和反理想解的距离，距离尺度可以通过 n 维欧几里得距离来计算。目标到理想解 A^* 的距离为 S^*，到反理想解 A^- 的距离为 S^-。

$$\begin{cases} S^* = \sqrt{\sum_{j=1}^{n}(v_{ij}-v_j^*)^2} \\ S^- = \sqrt{\sum_{j=1}^{n}(v_{ij}-v_j^-)^2} \end{cases} (i=1,2,\cdots,m)$$

式中，v_j^* 与 v_j^- 分别为第 j 个目标到最优目标及最劣目标的距离；v_{ij} 是第 i 个目标第 j 个评价指标的权重规格化值；S^* 为各评价目标与最优目标的接近程度，S^* 值越小，评价目标距离理想目标越近，方案越优。

步骤五：计算理想解的贴近度 C^*

$$C_i^* = \frac{S_i^-}{S_i^* + S_i^-}(i=1,2,\cdots,m)$$

式中，$0 \leq C_i^* \leq 1$。当 $C_i^* = 0$ 时，$A_i = A^*$，表示该目标为最劣目标；当 $C_i^* = 1$ 时，$A_i = A^*$，表示该目标为最优目标。在实际的多目标决策中，最优目标和最劣目标存在的可能性很小。

步骤六：根据理想解的贴近度 C^* 大小进行排序

根据 C^* 的值按从小到大的顺序对各评价目标进行排列。排序结果贴近度 C^* 值越大，该目标越优，C^* 值最大的为最优评标目标。

第9章 结论与启示

推进电子政务是国家网络安全和信息化工作的重要组成部分,是贯彻以人民为中心的发展思想,让亿万人民共享互联网发展成果的重要内容,是全面深化改革、以信息化推进国家治理体系和治理能力现代化的重要途径。互联网时代的新型政府必须是服务型政府,电子政务的建设目标是"以公众为中心,以服务为宗旨",电子政务服务平台除了能够帮助政府减少成本、提高效率与透明度之外,最重要的就是能够在政府与公众之间建立一个便捷、有效的交互渠道,其出发点是为了给社会、个人与组织提供更有价值的信息和更高水平的服务,最终目的是获得社会公众的认可,即获得较高的用户满意度,维持政府与社会公众之间良好的关系。党的十九大报告指出,要"转变政府职能,深化简政放权,创新监管方式,增强政府公信力和执行力,建设人民满意的服务型政府,善于运用互联网技术和信息化手段开展工作"。因此,研究"互联网+政务服务"的服务新模式,在理论和实践上都有重要的价值。

9.1 主要结论

本书以政府网站、政务微信公众号、政务 App 等电子政务服务平台为研究对象,从用户和公众的需求出发,以服务质量管理理论、客户满意度理论为基础,采用 QFD、技术接受模型、KANO 模型、信息系统成功模型,结合服务蓝图、KJ 图法、非对称三角模糊数等方法,研究了电子政务服务质量的影响因素、公众满意度及其相互作用机制,主要结论如下:

1)电子政务网站公众持续使用意愿模型验证的结论。通过实证分析,研究发现:①网站感知质量、网站信息质量、网站功能质量、网站系统质量、网站交互性对持续使用意愿有正向作用,中介变量网站感知质量在网站信息质量与持续使用意愿之间起完全中介效应;②网站质量、功能质量、系统质量、网站交互性、感知易用性正向作用于网站感知质量,在影响感知网站质量的五个因素中,除电子政务网站功能因素被拒绝,其余五个因素的作用从大到小依次为感知有用性影响(0.590)>网站信息质量(0.530)>网站系统质量(0.516)>网站功能质量(0.338)>网站交互性(0.266);③网站系统质量正向作用于感知易用性，在影响用户感知易用性的两个纬度中，网站系统质量为 0.464，网站交互性为 0.121，在 0.05 水平上不显著，可见电子政务网站系统质量对感知易用性影响很大，因此政府应提高电子政务网站的系统质量，使网站页面信息分类清晰且有条理，全局导航和局部导航简洁而高效。

2）政务微信公众号用户持续使用意愿模型验证的结论。感知有用性、用户满意度、感知易用性对政务微信公众号用户的持续使用意愿有正向影响；感知有用性、感知易用性对政务微信公众号用户的满意度有正向影响；感知易用性对感知有用性、用户满意度和持续使用意愿的影响有显著的正向作用；电子服务质量对用户满意度的影响具有显著的正向作用；用户满意度显著影响持续使用意愿，而社会影响对用户满意度不产生直接的作用。

3）电子政务信息服务质量公众满意度模型验证的结论。①公众期望与感知质量（0.30）、感知价值（0.22）具有显著的正向关系；公众期望与公众满意（-0.04）存在负相关关系；感知质量与感知价值（0.71）、公众满意度（0.61）存在显著的正向相关关系；②感知价值显著影响公众满意度（0.33），在影响公众满意度的因素中，感知质量影响最大；公众满意度对政府形象（0.81）、公众信任（0.21）的影响显著；③公众期望中对电子政务服务质量的期望（0.89）影响最大，这说明公众对于电子政务服务质量的期望值较高，一方面公众议政参政的意识提高，另一方面说明公众在物质生活满足基础上，对浏览政府网站过程中的愉悦性等信息服务需求在增强，公众最重要的需求在于获取高质量信息服务。

4）基于顾客感知服务质量模型及其他服务质量理论，研究了电子政务在线服务质量的形成机制，得出通过以用户的需求为导向设计和改进服务质量要素，从而提高用户实际感知，最终提升服务质量的思路。

5）构建了基于 QFD 的电子政务服务质量优化模型。在传统 QFD 方法的基础上，引入 KANO 模型解决了顾客满意度和服务之间存在的非线性关系；引入非对称模糊三角数和 α-截集的模糊加权平均法，降低了用户需求和服务质量要素之间相关关系的主观性，使得到的服务质量要素权重可信度更高，提升了模型的有效性。

9.2 管理启示与对策

为了顺应人民对美好生活的向往，提高电子政务服务水平，丰富服务渠道，整合服务资源，优化服务流程，提高服务效能，推进线上线下融合，为人民群众提供优质的在线服务。结合研究结论的分析，提出以下管理建议：

1）国外电子政务服务目标定位的启示。法国电子政务的项目强调以用户为中心，为公众服务，给用户提供方便。电子政务的服务效果也主要以公众的反映来测量，体现了非常明确的政府服务意识。而瑞典政府也非常重视对社会与公众的服务，把为企业和居民服务、增加透明度作为电子政务的第一目标。

2）关于电子政务服务感知质量。采用客户感知服务质量模型及其服务质量理论，从公众感知服务质量的视角研究了电子政务在线服务质量的形成机制，提出通过以用户的需求为导向设计和改进服务质量，从而为提高公众实际感知服务质量提供了新的思路。

3）电子政务对政府在线服务的速度、质量、成本和服务模式等方面提出了新的要求，也是政府公共服务发展的方向和目标。电子政务服务平台的设计必须以服务对象为中心，改变传统的以自身需要为出发点的设计思路；必须以一种渐进的、逐步优化的方式进行，既要善于局部突破，又要注意整体推进。

4）在感知质量中，指标影响较大的有网站信息内容新颖及时（0.68）、网站信息内容丰富全面（0.63）、网站信息内容满足信息需求（0.67），这说明在感知质量中，公众对于信息质量的要求很高，信息质量是政府提供网站服务的重要指标；网站易学易操作性（0.64）对感知质量影响较大，这是由于公众的受教育水平、背景及网络熟悉程度不同，个体使用水平存在差异，因此，网站提供的易操作性也成为衡量标准；网站提高告知性（0.63），这体现在与公众互动环节，将事项提前告知有助于公众做好应对准备，避免公众产生抱怨情绪。

5）电子政务的服务质量，不仅要考虑系统质量和信息质量，还要重视公众的参与程度与服务效能。提高服务平台质量需要以双方互动的形式，在提供基本服务的基础上，还要保证服务的有效性。网站的感知质量与公众满意之间存在显著的正向关系，说明网站如果能够满足公众的需求、服务好公众，就能够提高公众满意度。

6）感知质量、感知价值与公众满意度具有显著的正向关系，说明提高感知服务质量和感知价值（或有用）能提高公众对电子政务服务平台的满意度，如政府网站或工作人员的服务态度、服务的即时性、服务的效率和有效性等都将影响公众满意度。另外，公众期望虽然和公众满意度的直接关系不显著，但是通过相关因素间接影响公众满意度。因此，在电子政务服务平台的建设中，规划和设计者既要重视服务质量、服务有效性，还要考虑公众期望，分析公众期望与实际感知之间的差距，找到影响公众满意度的关键因素，寻找解决对策。

7）感知有用性、用户满意度、感知易用性对政务微信公众号用户的持续使用意愿有正向影响，电子服务质量对用户满意度的影响具有显著的正向作用。这说明提高政务微信公众号使用导航等方便性，丰富公众感兴趣的公共服务功能和信息资源等措施，在保障多种服务功能的前提下简化流程，可以增加公众对政务微信公众号有用性和易用性的认知，进而激发公众对政务微信公众号的持续使用意愿。

8）通过对广州、成都及四川省部分县市政府网站和S市政府门户网站服务质量的分析，并结合KANO模型，服务质量优化改进的总体原则是"短期保证基本要素，中期着力期望要素，长期争取兴奋要素"和"优先考虑重要度高且改进难度相对较低的要素"。从短期来说，以公众需求为导向、强化改进意识，建设服务型网站、优化办事流程，提升用户体验，让用户听得懂、用得上。从中期考虑，积极推进政府网站向移动端延伸，主要以期望服务质量要素为着力点，在做好网站的基本要素的前提下，大力优化能够正向影响用户满意度的期望要素。从长期考虑,主要针对兴奋型服务质量要素进行优化,这类要素一般符合新时代发展技术趋势和个性化需求,可运用大数据、人工智能等新技术提供个性化服务、智能化服务,并在优化媒体、内容智能分发方面提升服务功能。

9.3 研究的局限性和展望

由于时间与资源的约束,本书的研究中还存在一定的局限性,将在后续的研究中不断改进和完善:

1)为了让模型更加实用,本书主要讨论了政府面向公众服务的电子政务平台,没有涵盖整个电子政务服务体系。在未来研究中,可将本书提出的理论、模型和方法应用于电子政务的其他领域,例如电子政务决策或者公众参政、议政领域。

2)从用户需求的角度建立电子政务服务质量优化模型,未考虑该模型结果提出的改进目标实施起来所需的成本和带来的具体效益之间的平衡关系。在未来的研究中,可以把实施成本与产生的效益之间的关系作为切入点进行更加深入的研究。

3)随着大数据、机器学习、云计算、区块链等新技术的应用,数据驱动、智能化和个性化的电子政府服务将成为主流。因此,在未来的研究中,可借助大数据、机器学习等技术收集公众需求、政府公共服务等具有代表性、操作性的数据,让数据驱动的模型满足政府服务流程及公众需求,使模型发挥更大的作用。

4)理论模型验证的调查数据样本的数量上稍显不足,在未来的研究中可以增加调查问卷人数和访谈深度,以提高研究结论的科学性和普适性。

附　录

附录 A　S 市政府门户网站用户需求调查

亲爱的市民朋友：

　　您好！非常感谢您抽出宝贵的时间填写问卷，助力我市政府门户网站发展。本次调查主要想了解您在使用我市政府门户网站过程中的一些感受，旨在提高我市政府门户网站的在线服务质量，填写过程中选择您对各选项的真实看法即可，问卷填写预计耗时 10 分钟。

第一部分　您的基本信息

1. 您的性别是（　　）。
   A. 男　　　　　　　　B. 女
2. 您的年龄是（　　）。
   A. 18 岁以下　　　　B. 18~38 岁　　　　C. 39~58 岁　　　　D. 58 岁以上
3. 您的文化程度是（　　）。
   A. 高中及以下　　　B. 专科或高职　　　C. 大学本科
   D. 研究生及以上　　E. 其他
4. 您的职业是（　　）。
   A. 企业职工　　　　B. 行政人员　　　　C. 学生
   D. 个体户　　　　　E. 失业人员　　　　F. 其他

第二部分　需求调查

　　填写说明：首先邀请您对各项需求的重要度进行打分，1 代表非常重要，2 代表重要，3 代表一般，4 代表不重要，5 代表非常不重要。然后填写当该项需求满足和不满足时您的感受，A 代表满意，B 代表理应如此，C 代表无所谓，D 代表可以忍受，E 代表不满意（见表 A-1）。

附 录

表 A-1 需求调查

序号	用户需求	您认为该项需求（ ）					如果网站满足了该项需求，您会觉得（ ）					如果网站不能满足该项需求，您会觉得（ ）				
		1非常重要	2重要	3一般	4不重要	5非常不重要	A满意	B理应如此	C无所谓	D可以忍受	E不满意	A满意	B理应如此	C无所谓	D可以忍受	E不满意
1	网站功能齐全：除基本功能外，还需不断补充新的有益于您的新功能	1	2	3	4	5	A	B	C	D	E	A	B	C	D	E
2	网页设计简洁美观：排版布局要简洁，符合您的习惯，字体、配色、配图要美观	1	2	3	4	5	A	B	C	D	E	A	B	C	D	E
3	多渠道进入和传播：移动端和PC端均可登录网站，微信、微博信息和功能同步	1	2	3	4	5	A	B	C	D	E	A	B	C	D	E
4	信息形式多样：信息公开和解读时文字、图片、视频综合使用	1	2	3	4	5	A	B	C	D	E	A	B	C	D	E
5	办事流程简洁易懂：办事流程简洁不复杂，且符合用户习惯，有填写示例	1	2	3	4	5	A	B	C	D	E	A	B	C	D	E
6	答疑专业简洁：专业和简洁地回复用户的留言、咨询和评论	1	2	3	4	5	A	B	C	D	E	A	B	C	D	E
7	事项处理结果有效：线上处理的结果和线下柜台处理的结果一样有效	1	2	3	4	5	A	B	C	D	E	A	B	C	D	E
8	网页切换准确流畅：页面与页面的切换流畅不卡，链接跳转准确有效	1	2	3	4	5	A	B	C	D	E	A	B	C	D	E
9	信息更新准确、及时：信息准确无误，且更新快，都是最新的话题	1	2	3	4	5	A	B	C	D	E	A	B	C	D	E
10	留言回复及时：能较快地回复您提出的意见或咨询的问题	1	2	3	4	5	A	B	C	D	E	A	B	C	D	E
11	快速找到所需：当您打开网页后，您能快速找到所需要的信息或者服务	1	2	3	4	5	A	B	C	D	E	A	B	C	D	E
12	网站有较强防御能力：网站自身有较强的防御能力，能够抵御病毒和黑客	1	2	3	4	5	A	B	C	D	E	A	B	C	D	E
13	保护用户隐私：未经允许不可随意泄露用户的隐私，网站不涉及用户秘密信息	1	2	3	4	5	A	B	C	D	E	A	B	C	D	E
14	个性化显示和推荐：首页显示和信息推荐都是您偏好的或关注的	1	2	3	4	5	A	B	C	D	E	A	B	C	D	E
15	记忆用户常用信息：以前填写过的信息，网站会自动显示，无须再次填写	1	2	3	4	5	A	B	C	D	E	A	B	C	D	E
16	多政民互动：多一些功能或活动让政府与市民相互沟通	1	2	3	4	5	A	B	C	D	E	A	B	C	D	E

附录 B 服务质量要素与用户需求的关联程度和关系矩阵

服务质量要素与用户需求的关联程度见表 B-1。

表 B-1 服务质量要素与用户需求的关联程度

	改进决心 E_{11}	以用户为导向 E_{12}	全程在线办理量 E_{21}	办理流程设计 E_{22}	信息编辑形式 E_{31}	信息分类依据 E_{32}	信息更新周期 E_{33}	安全测评次数 E_{41}	搜索即时服务 E_{42}	大数据支撑 E_{43}	App应用支持 E_{44}	统一数据库 E_{45}	技术人员培训 E_{46}	留言办理 E_{51}	回复人员培训 E_{52}	在线访谈 E_{53}	征集调查 E_{54}
CR_{11}	VH, H	H, H, H	VH, H, H	M, L, L	L, M, L	VL, L, L	L, VL, L	L, L, L	M, M,, M	M, H, L	H, H, H	L, M, L	H, H, M	M, L, M	VL, L, L	H, H, H	M, H, H
CR_{12}	H, VH, H	M, H, M	VL, L, L	H, H, VH	M, H, M	M, L, M	VL, L, L	VL, L, L	M, L, L	VL, L, L	M, L, L	VL, L, L	L, H, H	L, L, L	L, L, L	L, L, L	VL, L, L
CR_{13}	H, H, VH	M, H, M	L, L, M	M, M, M	VL, L, L	L, L, M	L, L, L	VL, L, L	M, M, L	L, M, L	M, VH, H	M, H, M	L, H, M	M, L, L	L, L, L	M, L, L	VL, L, L
CR_{14}	H, H, VH	M, H, M	L, L, L	VL, L, L	VH, H, H	L, L, L	VL, L, L	VL, L, L	L, L, L	L, L, VL	M, H, M	L, VL, L	L, M, M	M, L, L	L, L, L	L, VL, L	VL, L, L
CR_{15}	H, VH, H	H, VH, H, H	L, H, H	VH, H, H	M, H, M	L, M, M	L, L, VL	L, L, VL	L, L, L	M, L, L	H, H, M	L, L, L	L, H, H	M, H, H	L, L, L	VL, L, L	L, L, L
CR_{21}	H, M, M	H, H, H	L, L, VL	L, L, VL	L, L, L	VL, L, L	VL, L, L	M, H, H	M, H, H	L, L, L	L, L, VL	L, L, L	L, L, VL	M, H, H	M, H, VH	L, H, L	M, L, L
CR_{22}	H, H, M	M, M, M	L, VL, L	H, H, M	M, M, L	M, M, L	M, L, L	M, M, M	M, H, L	VL, L, L	M, M, L	L, H, L	M, M, L	H, H, VL	M, M, L	VH, H, L	L, VL, L
CR_{23}	M, M, M	H, H, M	L, M, M	M, L, L	L, L, VL	VL, L, L	L, L, VL	M, M, M	M, L, L	VL, L, VL	VL, VL, L	L, L, L	VH, H, H	L, L, VL	VL, VL, L	M, L, L	VL, L, L
CR_{31}	H, H, M	H, H, H	M, L, L	M, L, L	L, L, L	L, L, L	L, L, VL	L, L, VL	L, LVL	L, VL, L	M, L, L	L, L, L	M, M, L	H, L, VL	M, L, VL	M, L, L	L, VL, L
CR_{32}	M, M, M	M, L, L	L, VL, VL	M, L, L	L, L, VL	VL, L, L	VL, L, VL	M, H, VH	H, H, VL	VL, L, L	L, L, L	L, L, VL	VH, H, H	L, VL, L	L, VL, VL	VL, L, L	VL, L, L
CR_{33}	M, M, M	M, L, L	L, L, VL	M, L, L	L, L, L	VL, L, L	L, L, L	L, H, H	M, H, L	M, H, M	L, L, L	L, VL, L	M, M, M	M, VH, H	M, H, VH	VH, VH, H	VL, L, L
CR_{41}	L, L, L	L, L, L	VL, L, L	VL, L, L	L, L, L	VL, L, L	L, L, L	H, VH, H	M, L, L	L, L, L	L, L, L	L, VL, L	M, L, H	L, L, VL	VL, L, L	VL, L, L	VL, L, L
CR_{42}	M, L, L	M, L, L	VL, L, L	M, L, L	M, L, L	L, L, L	L, L, VL	H, H, VH	VL, L, VL	VL, L, L	L, L, L	L, L, L	L, VL, L	L, L, L	VL, L, L	VL, L, L	VL, L, L
CR_{51}	H, H, H	VH, H, H	M, L, L	VL, L, VL	M, L, L	L, L, L	L, L, VL	H, H, VH	VL, L, L	M, H, M	M, H, M	M, M, M	H, H, M	VL, VH, H	L, L, VL	VL, L, L	VL, L, L
CR_{52}	M, H, M	H, H, M	L, L, L	L, L, VL	L, L, L	L, L, L	L, VL, L	VL, L, VL	L, L, L	H, VH, M	H, M, M	H, M, M	H, H, M	M, L, VL	L, L, VL	VH, H, H	H, H, H
CR_{53}	M, H, L	H, H, L	L, L, VL	L, L, VL	L, L, VL	VL, L, L	L, L, L	VL, L, L	L, L, L	M, L, L	L, M, L	VL, L, L	L, L, VL	H, L, VL	H, H, H	H, VH, H	H, H, H

注：VL—关联程度很弱；L—关联程度弱；M—关联程度一般；H—关联程度强；VH—关联程度很强。

服务质量要素与用户需求的关系矩阵见表 B-2。

表 B-2　服务质量要素与用户需求的关系矩阵

	E_{11}			E_{12}			E_{21}			E_{22}			E_{31}			E_{32}			E_{33}			E_{41}			E_{42}		
CR_{11}	0.66	0.86	1.00	0.60	0.80	1.00	0.66	0.86	1.00	0.09	0.29	0.49	0.09	0.29	0.49	0.00	0.14	0.34	0.00	0.14	0.34	0.00	0.20	0.40	0.30	0.50	0.70
CR_{12}	0.66	0.86	1.00	0.39	0.59	0.79	0.00	0.14	0.34	0.68	0.88	1.00	0.39	0.59	0.79	0.21	0.41	0.61	0.00	0.14	0.34	0.00	0.14	0.34	0.09	0.29	0.49
CR_{13}	0.68	0.88	1.00	0.39	0.59	0.79	0.12	0.32	0.52	0.42	0.62	0.82	0.00	0.14	0.34	0.00	0.20	0.40	0.00	0.20	0.40	0.00	0.20	0.40	0.18	0.38	0.58
CR_{14}	0.68	0.88	1.00	0.39	0.59	0.79	0.00	0.12	0.32	0.14	0.14	0.34	0.66	0.86	1.00	0.00	0.20	0.40	0.00	0.14	0.34	0.00	0.14	0.34	0.00	0.12	0.32
CR_{15}	0.66	0.86	1.00	0.66	0.86	1.00	0.68	0.88	1.00	0.66	0.86	1.00	0.39	0.59	0.79	0.18	0.38	0.58	0.00	0.12	0.32	0.18	0.38	0.58	0.39	0.59	0.79
CR_{21}	0.51	0.71	0.91	0.60	0.80	1.00	0.00	0.12	0.32	0.00	0.14	0.34	0.18	0.38	0.58	0.00	0.14	0.34	0.00	0.14	0.34	0.18	0.38	0.58	0.14	0.14	0.34
CR_{22}	0.39	0.59	0.79	0.42	0.62	0.82	0.00	0.14	0.34	0.48	0.68	0.88	0.00	0.14	0.34	0.00	0.14	0.34	0.00	0.14	0.34	0.30	0.50	0.70	0.00	0.20	0.40
CR_{23}	0.30	0.50	0.70	0.21	0.41	0.61	0.00	0.12	0.32	0.09	0.29	0.49	0.00	0.14	0.34	0.00	0.14	0.34	0.72	0.92	1.00	0.09	0.29	0.49	0.00	0.12	0.32
CR_{31}	0.48	0.68	0.88	0.09	0.29	0.49	0.06	0.26	0.28	0.00	0.18	0.58	0.00	0.14	0.34	0.18	0.38	0.58	0.09	0.29	0.49	0.00	0.12	0.32	0.12	0.12	0.32
CR_{32}	0.39	0.59	0.79	0.09	0.29	0.49	0.08	0.28	0.58	0.00	0.38	0.58	0.00	0.14	0.34	0.00	0.14	0.34	0.00	0.14	0.34	0.00	0.20	0.40	0.12	0.12	0.32
CR_{33}	0.30	0.50	0.70	0.48	0.68	0.88	0.42	0.62	0.82	0.18	0.38	0.58	0.00	0.14	0.34	0.00	0.14	0.34	0.00	0.14	0.34	0.66	0.86	1.00	0.66	0.86	1.00
CR_{41}	0.09	0.29	0.49	0.00	0.20	0.40	0.06	0.26	0.26	0.00	0.18	0.38	0.00	0.12	0.32	0.00	0.14	0.34	0.00	0.20	0.40	0.68	0.88	1.00	0.00	0.12	0.32
CR_{42}	0.00	0.20	0.40	0.42	0.62	0.82	0.06	0.26	0.26	0.00	0.38	0.58	0.00	0.14	0.34	0.52	0.32	0.52	0.00	0.12	0.32	0.00	0.20	0.40	0.00	0.20	0.40
CR_{51}	0.60	0.80	1.00	0.66	0.86	1.00	0.14	0.34	0.34	0.14	0.14	0.34	0.18	0.38	0.58	0.12	0.32	0.52	0.08	0.28	0.28	0.00	0.12	0.32	0.09	0.14	0.34
CR_{52}	0.18	0.38	0.58	0.39	0.59	0.79	0.00	0.12	0.32	0.00	0.14	0.34	0.12	0.32	0.32	0.12	0.12	0.32	0.08	0.28	0.28	0.00	0.14	0.34	0.09	0.29	0.49
CR_{53}	0.51	0.71	0.91	0.48	0.68	0.88	0.00	0.12	0.32	0.00	0.12	0.32	0.00	0.14	0.34	0.00	0.14	0.34	0.00	0.12	0.32	0.00	0.14	0.34	0.00	0.20	0.40

（续）

	E_{43}			E_{44}			E_{45}			E_{46}			E_{51}			E_{52}			E_{53}			E_{54}		
CR_{11}	0.39	0.59	0.79	0.60	0.80	1.00	0.09	0.29	0.49	0.48	0.68	0.88	0.21	0.41	0.61	0.00	0.14	0.34	0.60	0.80	1.00	0.51	0.71	0.91
CR_{12}	0.00	0.14	0.34	0.09	0.29	0.49	0.00	0.14	0.34	0.60	0.80	1.00	0.00	0.20	0.40	0.00	0.14	0.34	0.00	0.20	0.40	0.00	0.14	0.34
CR_{13}	0.09	0.29	0.49	0.66	0.86	1.00	0.51	0.71	0.91	0.51	0.71	0.91	0.09	0.29	0.49	0.00	0.20	0.40	0.09	0.29	0.49	0.00	0.14	0.34
CR_{14}	0.39	0.59	0.79	0.39	0.59	0.79	0.00	0.14	0.34	0.39	0.59	0.79	0.00	0.14	0.34	0.00	0.14	0.34	0.00	0.14	0.34	0.00	0.14	0.34
CR_{15}	0.09	0.29	0.49	0.48	0.68	0.88	0.00	0.12	0.32	0.48	0.68	0.88	0.09	0.29	0.49	0.00	0.20	0.40	0.00	0.14	0.34	0.09	0.29	0.49
CR_{21}	0.00	0.14	0.34	0.00	0.14	0.34	0.00	0.14	0.34	0.00	0.14	0.34	0.51	0.71	0.91	0.72	0.92	1.00	0.51	0.71	0.91	0.09	0.29	0.49
CR_{22}	0.00	0.14	0.34	0.39	0.59	0.79	0.66	0.86	1.00	0.18	0.38	0.58	0.00	0.12	0.32	0.18	0.38	0.58	0.00	0.14	0.34	0.00	0.12	0.32
CR_{23}	0.00	0.14	0.34	0.00	0.14	0.34	0.00	0.14	0.34	0.66	0.86	1.00	0.00	0.14	0.34	0.00	0.06	0.26	0.00	0.14	0.34	0.00	0.14	0.34
CR_{31}	0.00	0.20	0.40	0.39	0.59	0.79	0.00	0.14	0.34	0.51	0.71	0.91	0.00	0.14	0.34	0.00	0.12	0.32	0.00	0.14	0.34	0.00	0.14	0.34
CR_{32}	0.00	0.14	0.34	0.00	0.14	0.34	0.00	0.14	0.34	0.09	0.29	0.49	0.00	0.14	0.34	0.68	0.88	1.00	0.00	0.14	0.34	0.00	0.14	0.34
CR_{33}	0.51	0.71	0.91	0.51	0.71	0.91	0.00	0.18	0.38	0.48	0.68	0.88	0.66	0.86	1.00	0.00	0.14	0.34	0.00	0.12	0.32	0.00	0.14	0.34
CR_{41}	0.00	0.14	0.34	0.00	0.20	0.40	0.00	0.14	0.34	0.66	0.86	1.00	0.00	0.20	0.40	0.00	0.06	0.26	0.00	0.14	0.34	0.00	0.14	0.34
CR_{42}	0.00	0.14	0.34	0.00	0.20	0.40	0.18	0.38	0.58	0.66	0.86	1.00	0.00	0.12	0.32	0.00	0.08	0.28	0.00	0.14	0.34	0.00	0.14	0.34
CR_{51}	0.66	0.86	1.00	0.48	0.68	0.88	0.18	0.38	0.58	0.39	0.59	0.79	0.00	0.14	0.34	0.00	0.12	0.32	0.00	0.14	0.34	0.00	0.14	0.34
CR_{52}	0.51	0.71	0.91	0.18	0.38	0.58	0.39	0.59	0.79	0.48	0.68	0.88	0.00	0.14	0.34	0.00	0.12	0.32	0.00	0.14	0.34	0.00	0.12	0.32
CR_{53}	0.09	0.29	0.49	0.39	0.59	0.79	0.00	0.14	0.34	0.00	0.12	0.32	0.66	0.86	1.00	0.74	0.94	1.00	0.66	0.86	1.00	0.60	0.80	1.00

附录 C S 市政府门户网站在线服务质量要素调查

亲爱的市民朋友：

您好！非常感谢您抽出宝贵的时间填写问卷，助力我市政府门户网站发展。本次调查旨在提高我市政府门户网站的在线服务质量，填写过程中选择您对各选项的真实看法即可，问卷填写预计耗时 5 分钟。

第一部分

1. 如果我市政府坚定门户网站在线服务质量的改进决心，您会觉得（　　）。
   A. 满意　　B. 理应如此　　C. 无所谓　　D. 可以忍受　　E. 不满意
2. 如果我市政府坚持"以用户为导向"进行网站的优化建设，您会觉得（　　）。
   A. 满意　　B. 理应如此　　C. 无所谓　　D. 可以忍受　　E. 不满意
3. 如果我市政府重视并加强网站相关技术人员的专业培训，您会觉得（　　）。
   A. 满意　　B. 理应如此　　C. 无所谓　　D. 可以忍受　　E. 不满意
4. 如果我市政府开发门户网站相关的 App 应用，您会觉得（　　）。
   A. 满意　　B. 理应如此　　C. 无所谓　　D. 可以忍受　　E. 不满意
5. 如果我市政府重视并优化在线服务的办理流程设计，您会觉得（　　）。
   A. 满意　　B. 理应如此　　C. 无所谓　　D. 可以忍受　　E. 不满意
6. 如果我市政府运用大数据优化门户网站的在线服务质量，您会觉得（　　）。
   A. 满意　　B. 理应如此　　C. 无所谓　　D. 可以忍受　　E. 不满意
7. 如果我市政府丰富了政府门户网站中的信息编辑形式，你会觉得（　　）。
   A. 满意　　B. 理应如此　　C. 无所谓　　D. 可以忍受　　E. 不满意

第二部分

1. 如果我市政府不坚定门户网站在线服务质量的改进决心，您会觉得（　　）。
   A. 满意　　B. 理应如此　　C. 无所谓　　D. 可以忍受　　E. 不满意
2. 如果我市政府不坚持"以用户为导向"进行网站的优化建设，您会觉得（　　）。
   A. 满意　　B. 理应如此　　C. 无所谓　　D. 可以忍受　　E. 不满意
3. 如果我市政府不重视网站相关技术人员的专业培训，您会觉得（　　）。
   A. 满意　　B. 理应如此　　C. 无所谓　　D. 可以忍受　　E. 不满意
4. 如果我市政府不开发门户网站相关的 App 应用，您会觉得（　　）。
   A. 满意　　B. 理应如此　　C. 无所谓　　D. 可以忍受　　E. 不满意
5. 如果我市政府不重视优化在线服务的办理流程设计，您会觉得（　　）。
   A. 满意　　B. 理应如此　　C. 无所谓　　D. 可以忍受　　E. 不满意

6. 如果我市政府不运用大数据优化门户网站的在线服务质量，您会觉得（　　）。
   A. 满意　　B. 理应如此　　C. 无所谓　　D. 可以忍受　　E. 不满意
7. 如果我市政府不丰富政府门户网站中的信息编辑形式，你会觉得（　　）。
   A. 满意　　B. 理应如此　　C. 无所谓　　D. 可以忍受　　E. 不满意

参考文献

[1] 刘佳星,张宏烈.基于缺失率的不完整数据填补算法[J].统计与决策,2021,37(2):39-41.
[2] WOLFINBARGER M, GILLY M C. eTailQ:dimensionalizing, measuring and predicting etail quality [J]. Journal of retailing, 2003, 79 (3):183-198.
[3] LEE G, LIN H. Customer perceptions of e-service quality in online shopping [J]. International journal of retail & distribution management, 2005, 33 (2):161-176.
[4] DELONE W H, MCLEAN E R. Model of information systems success: a ten-year update [J]. Journal of management information systems, 2003, 19 (4):9-30.
[5] 陆彩琼.天猫商城网上店铺电子服务质量评价体系研究[D].桂林:桂林电子科技大学,2014.
[6] RAPOSO M, LEITÃO J, PAÇO A. E-governance and public marketing tools for universities: a benchmarking proposal [J]. International review on public and nonprofit marketing, 2006, 3 (2):25-40.
[7] SEDDON P B. A respecification and extension of the DeLone and McLean model of IS success [J]. Information systems research, 2007, 8:240-253.
[8] WANGPIPATWONG S, CHUTIMASKUL W, PAPASRATORN B. Factors influencing the adoption of Thai eGovernment websites: information quality and system quality approach [C] // Proceedings of the Fourth International Conference on eBusiness. Bangkok: King MongKut's University of Technology Thonburi, 2005.
[9] 乔波.电子政务网站质量与用户再使用意愿的研究[D].南京:东南大学,2010.
[10] 郭俊华,朱多刚.移动政务服务质量与用户再使用意愿研究[J].图书馆学研究,2016(2):64-70.
[11] 黄怡菲.湖北省人民政府门户网站服务质量、用户满意度与持续使用意向关系的实证研究[D].武汉:华中科技大学,2014.
[12] WANGPIPATWONG S, CHUTIMASKUL W, PAPASRATORN B. Quality enhancing the continued use of e-government web sites: evidence from e-citizens of Thailand [J]. International journal of electronic government research, 2009, 5 (1):19-35.

[13] ALRUWAIE M, EL – HADDADEH R, WEERAKKODY V. A framework for evaluating citizens' expectations and satisfaction toward continued intention to use e – government services [M] // Electronic Government. Berlin Springer: 2012: 273 – 286.

[14] DELONE W H, MCLEAN E R. Information systems success: the quest for the dependent variable [J]. Information systems research, 1992, 3 (4): 60 – 95.

[15] 刘渊, 邓红军, 金献幸. 政府门户网站服务质量与内外部用户再使用意愿研究: 以杭州市政府门户网站为例 [J]. 情报学报, 2008, 27 (6): 908 – 916.

[16] 严中华, 廖敏珍. 政府网站公众接受度影响因素的实证研究 [J]. 电子政务, 2015 (3): 95 – 105.

[17] 宋宏磊. 消费者电子服务接受行为实证研究 [D]. 北京: 中国人民大学, 2011.

[18] 李玥. 移动电子政务信息发布服务质量影响因素研究 [D]. 兰州: 兰州大学, 2014.

[19] 颜琪, 刘承良, 王玉洁, 等. 旅游电子商务网站服务质量感知的影响因素分析: 以携程旅行网 (www.ctrip.com) 为例 [J]. 中国经济与管理科学, 2009 (9): 84 – 87.

[20] 朱琳, 刘晓静. 基于移动互联网的智慧社区服务公众采纳实证研究: 以打浦桥街道"IN 标签"为例 [J]. 电子政务, 2014 (8): 27 – 37.

[21] 晁梦娜. 农业信息网站服务质量及其与用户满意度关系研究 [D]. 太原: 太原科技大学, 2015.

[22] 苏秦. 服务质量、关系质量与顾客满意: 模型、方法及应用 [M]. 北京: 科学出版社, 2010.

[23] ALALWAN J A. Continuance intention to use government 2.0 services: the impact of citizens' satisfaction and involvement [J]. International journal of electronic government research, 2013, 9 (3): 58 – 73.

[24] 张军, 倪星. 控权问责、服务提升与电子政务的清廉效应: 基于中国 282 个地级市调查数据的实证分析 [J]. 中国行政管理, 2020 (3): 59 – 66.

[25] BHATTACHERJEE A. Understanding information systems continuance: an expectation – confirmation model [J]. MIS quarterly, 2001 (3): 351 – 370.

[26] 林林. 南明区人民政府微信公众平台的设计与实现 [D]. 厦门: 厦门大学, 2015.

[27] 王琴. 政府微博对政府形象塑造研究 [D]. 大连: 东北财经大学, 2013.

[28] 徐文佳. 政府微博的角色扮演与功能定位 [J]. 中国报业, 2014 (22): 20 – 21.

[29] 高凯. 政务微信的使用及社会效应分析 [J]. 西部广播电视, 2014 (21): 43 – 45.

[30] 白倩云. 政务微信的现状及发展研究 [D]. 郑州: 郑州大学, 2017.

[31] 吕文增, 石开元, 郑磊. 政务微信传播方式与效果研究 [J]. 电子政务, 2017 (1): 59 – 67.

[32] 朱春奎, 李文娟. 电子政务服务质量与满意度研究进展与展望 [J]. 湘潭大学学报 (哲学社会科学版), 2019, 43 (1): 60 – 64.

[33] 张节, 李乌兰, 闫旸. 政务微信的影响力评价 [J]. 统计与决策, 2016 (17): 52-54.

[34] 王为. 微信电子服务质量与客户忠诚关系研究 [D]. 镇江: 江苏科技大学, 2015.

[35] 严星. 微信用户持续使用意向影响因素研究 [D]. 成都: 电子科技大学, 2014.

[36] 侯如靖, 张初兵. 微信用户持续使用意向的实证研究: 网络外部性与期望确认度的影响 [J]. 消费经济, 2016, 32 (1): 63-67.

[37] 李颖, 单袁. 农业政务类新媒体传播研究: 以"中国水产"微信公众号为例 [J]. 中国传媒科技, 2021 (4): 104-109.

[38] 鲍宇迪. 微信用户持续使用意愿影响因素的研究 [D]. 哈尔滨: 哈尔滨工业大学, 2016.

[39] 杜慧平. 信息系统成功模型及其在数字图书馆领域中的应用 [J]. 图书馆学研究, 2015 (11): 30-33; 39.

[40] 巫翠玉. 政府微信公众号用户采纳研究 [D]. 秦皇岛: 燕山大学, 2015.

[41] 刘宏. 电子商务中威客盈利模式探讨 [J]. 商业时代, 2008 (2): 92.

[42] 范岚. 微信用户持续使用意愿研究 [D]. 北京: 北京邮电大学, 2013.

[43] 胡莹. 移动微博持续使用行为影响因素研究 [D]. 北京: 北京邮电大学, 2013.

[44] 代蕾, 徐博艺. 移动电子政务的公众持续使用行为研究 [J]. 情报杂志, 2011 (1): 186-189; 195.

[45] 林志芳. 政务微信公众号用户满意度影响因素实证研究 [D]. 南昌: 江西财经大学, 2017.

[46] 王高山, 张新, 徐峰, 等. 基于因子分析的 B2C 电子商务服务质量评价研究 [J]. 标准科学, 2016 (11): 92-96.

[47] 虎香玲. B2C 购物网站电子服务质量影响在线满意度的实证研究 [J]. 现代商业, 2015 (25): 23-24.

[48] 盛天翔, 刘春林. 网上交易服务质量四维度对顾客满意及忠诚度影响的实证分析 [J]. 南开管理评论, 2008 (6): 37-41.

[49] 李辉, 张爽. 全面质量管理的电子服务质量评价体系 [J]. 西安交通大学学报 (社会科学版), 2008 (2): 33-38.

[50] 张晓娟, 刘亚茹, 邓福成. 基于用户满意度的政务微信服务质量评价模型及其实证研究 [J]. 图书与情报, 2017 (2): 41-47; 83.

[51] 王宇. 论政府微信公众号的发展策略 [J]. 新闻战线, 2016 (8): 20-21.

[52] 刘增光. 政务微博公众用户持续使用的影响因素研究 [D]. 天津: 天津大学, 2016.

[53] 张爱红. 服务型政府视域下政务新媒体内容研究: 以"中国政府网"微信公众号为例 [J]. 青年记者, 2021 (16): 54-55.

[54] 霍明奎, 吕智悦. 县级政务微信平台信息服务质量评价体系设计与应用研究: 以吉林省为例 [J]. 情报探索, 2021 (2): 74-81.

[55] 邹凯，包明林．政务微博服务公众满意度指数模型及实证研究［J］．湘潭大学学报（社会科学版），2016，40（1）：75－79．

[56] 周虎．政府信息公开公众满意度测评研究［J］．湘潭大学，2012，56（3）：130－134．

[57] 赵丽娜，任利成．中小型制造企业采纳条码技术的影响因素研究：决策相关者视角［J］．华东经济管理，2010（2）：124－127．

[58] 戴炜轶，王凯洋，徐芳．基于用户体验的高校微博信息服务质量评价指标体系研究［J］．兰州教育学院学报，2013，29（10）：113－116．

[59] 赵砚．基于改进SCSI模型的政府绩效公众满意度测评研究［J］．经济与社会发展，2016，14（1）：47－50．

[60] 赵喜娥，尚猛．市容环卫公众满意度模型及实证研究［J］．物流工程与管理，2016（9）：47－50．

[61] 王欢明，李鹏．公交服务公众满意度的影响因素及测度［J］．城市问题，2015（5）：77－82．

[62] 何华兵．基于公交服务均等化满意度测评体系的构建与应用［J］．中国行政管理，2012（11）：25－29．

[63] 陈岚．基于结构方程模型的电子政务信息服务公众满意度评价［J］．现代情报，2013（11）：95－99．

[64] 张尧，杨樱．地方政府G2C电子化公共服务满意度的结构方程模型研究［J］．经济研究导刊，2014（15）：166－169．

[65] 温新民．社区移动互联提升服务型政府建设质量研究［J］．电子政务，2016（4）：104－111．

[66] 于施洋，王建冬，童楠楠．大数据环境下的政府信息服务创新：研究现状与发展对策［J］．电子政务，2016（1）：26－33．

[67] 谢人强，陈燕玉．公众满意度视角下的政府门户网站评价研究［J］．西安邮电大学学报，2015（6）：112－116．

[68] 廖敏慧，严中华，廖敏珍．政府公众接受度影响因素的实证研究［J］．电子政务，2015（3）：95－105．

[69] 池嘉楣．政府网站的公众满意度研究：以广州市某政府网站为例［D］．广州：暨南大学，2008．

[70] 唐微曙．政府网站公众满意度评价指标体系的设计［D］．大连：东北财经大学，2011．

[71] 龚子英．政府门户网站的公众满意度测评方法及应用研究［D］．湘潭：湘潭大学，2008．

[72] 龚莎莎．电子政务公众满意度模型构建及测评研究［D］．成都：电子科技大学，2009．

[73] 朱娜. 基于公众体验的电子政务信息服务质量影响因素研究 [D]. 天津：天津师范大学，2014.

[74] 余旋. 城市社区电子政务公众满意度测评研究 [D]. 湘潭：湘潭大学，2014.

[75] 张静波. 顾客满意度测评研究及实例分析 [D]. 长春：吉林大学，2007.

[76] 国家质检总局质量管理司，清华大学中国企业研究中心. 中国顾客满意指数指南 [M]. 北京：中国标准出版社，2003：85.

[77] 石启砺. 基于CCSI的经济型酒店顾客满意度影响因素实证研究 [D]. 天津：天津商业大学，2013.

[78] 刘新燕，刘雁妮，杨智，等. 顾客满意度指数（CSI）模型述评 [J]. 当代财经，2003（6），57-60.

[79] 田剑，王丽伟. 电子服务质量与大学生网购满意度关系的实证研究 [J]. 南京邮电大学学报（社会科学版），2011（4）：51-57.

[80] 王洁，何静娴，江畅. 基于KANO模型的客户满意度与网购平台现状分析 [J]. 价值工程，2012（5）：54-55.

[81] 文兰，赵璟. 云南特色农产品小粒咖啡网络营销顾客满意度模型构建与分析 [J]. 现代农业科技，2014（8）：273-274.

[82] 梁政华，戴世鼎，徐世荣，等. 基于SEM网络购物线上线下全流程感知体验研究 [C] //中国统计教育学会. 2015年（第四届）全国大学生统计建模大赛论文. 北京：中国统计教育学会，2015：34.

[83] 朱燕，綦星龙. 我国政务App的发展困境与应对策略 [J]. 新闻世界，2013（12）：98-99.

[84] 薛万庆，谢明荣. 服务型政府视角下政务APP的发展现状与策略思考 [J]. 电子政务，2015（3）：38-42.

[85] 胡勇，黄立军，徐耀铠，等. 中外电子政务项目绩效评估体系研究 [J]. 情报杂志，2008，27（7）：131-134.

[86] 杨雅芬. 电子政务服务质量评价研究及启示 [J]. 情报资料工作，2013（6）：69-74.

[87] 胡广伟，邓三鸿，卢明欣，等. 电子政务服务能力测评模型的结构与关系分析 [J]. 管理学报，2012，9（5）：742-748.

[88] 胡广伟. 电子政务服务能力测评体系研究 [J]. 电子政务，2010（9）：26-31.

[89] 潘文文，胡广伟. 电子政务服务能力层次关系实证研究 [J]. 情报科学，2016，34（4）：112-117.

[90] 胡广伟，司文峰，杨金龙，等. 政府电子服务能力指数报告 [M]. 北京：中国社会科学出版社，2017.

[91] 司文峰，胡广伟. 我国内地城市电子政务服务能力分布规律：基于地理区域、政务渠道、政务维度综合视角 [J]. 数据分析与知识发现，2018，2（9）：1-9.

[92] 李志刚. 客户关系管理理论与应用 [M]. 北京：机械工业出版社，2012.